COLLECTION MICHEL LÉVY

OEUVRES COMPLÈTES

D'ALPHONSE KARR

ŒUVRES COMPLÈTES

D'ALPHONSE KARR

Parues dans la collection MICHEL LÉVY

AGATHE ET CÉCILE.....	1 vol.
LE CHEMIN LE PLUS COURT...........	1 —
CLOVIS GOSSELIN............	1 —
CONTES ET NOUVELLES	1 —
LES FEMMES.........	1 —
ENCORE LES FEMMES	1 —
LA FAMILLE ALAIN...........	1 —
FEU BRESSIER....	1 —
LES FLEURS.....	1 —
GENEVIÈVE........	1 —
LES GUÊPES........	6 —
HORTENSE.....	1 —
MENUS PROPOS........	1 —
MIDI A QUATORZE HEURES	1 —
LA PÊCHE EN EAU DOUCE ET EN EAU SALÉE.......	1 —
LA PÉNÉLOPE NORMANDE.........	1 —
UNE POIGNÉE DE VÉRITÉS.........	1 —
PROMENADES HORS DE MON JARDIN.........	1 —
RAOUL.......	1 —
ROSES NOIRES ET ROSES BLEUES.........	1 —
LES SOIRÉES DE SAINTE-ADRESSE........	1 —
SOUS LES ORANGERS........	1 —
SOUS LES TILLEULS........	1 —
TROIS CENTS PAGES........	1 —
VOYAGE AUTOUR DE MON JARDIN.........	1 —

Imprimerie de L. TOINON et Cie, à Saint-Germain-en-Laye.

MIDI

A

QUATORZE HEURES

HISTOIRE D'UN VOISIN — VOYAGE DANS PARIS
UNE VISITE A L'ARSENAL — UN HOMME ET UNE FEMME

PAR

ALPHONSE KARR

PARIS
MICHEL LÉVY FRÈRES, LIBRAIRES-ÉDITEURS
RUE VIVIENNE, 2 BIS
—
1862
Tous droits réservés

MIDI A QUATORZE HEURES

I

Honfleur est une jolie ville en face du Havre de Grâce et bâtie en amphithéâtre au pied d'une colline très-élevée ; les arbres qui en couronnent le sommet se découpent en noir sur le ciel. Au pied, parmi les maisons couvertes de tuiles rouges, on remarque les restes de la *lieutenance*, vieux bâtiment ruiné, aux murailles grises, des fentes desquelles s'échappent quelques giroflées sauvages, dont le feuillage vigoureux se couvre presque toute l'année de ces étoiles jaunes si odorantes.

Lorsque, par un chemin sinueux et revenant plusieurs fois sur lui-même pour adoucir la pente, on est arrivé au sommet de la côte de Grâce, on découvre une immense étendue de mer, et l'œil, au loin, à l'horizon, se perd dans la brume, que semble par moments déchirer quelque navire aux voiles blanches, glissant sur l'onde comme un grand cygne ; la plateforme de la côte est tapissée d'une épaisse pelouse verte et toute couverte de grands arbres sous lesquels est la chapelle de Grâce. Au plus haut point de la colline est un grand Christ sur la croix, que l'on aperçoit de très-loin en mer.

A moitié de la côte était une petite maison, semblable à toutes les maisons; seulement, derrière, un mur assez élevé renfermait un espace d'un demi-arpent, à peu près ; quelques cimes d'arbres presque entièrement dépouillées dépassaient la muraille ; quoiqu'il ne fît aucun vent, à chaque instant cependant quelques feuilles tombaient. Un sorbier seul gardait ses larges ombelles de baies semblables à des grains de corail ; au dedans du jardin, on eût pu voir la vigne qui couvrait les murs conserver la dernière son tardif feuillage et étaler avec orgueil ses pampres richement colorés de jaune et de pourpre. Le ciel était gris, bas et tout d'un seul nuage immobile. Les oiseaux ébouriffaient leurs plumes aux premières atteintes du froid. Quoique la mer fût calme et unie, elle n'en paraissait pas moins menaçante; des tas d'algues et de varechs, arrachés à ses profondeurs et jetés sur la plage au delà des limites ordinaires de l'Océan, racontaient une récente colère. Les grandes mouettes blanches aux ailes noires rasaient l'eau en longues files.

Comme le jour commençait à baisser, un homme vêtu en chasseur sonna à la porte de la petite maison; une fille mise à la mode du pays vint lui ouvrir. Elle avait une jupe rayée blanc et rouge et un corsage noir dont la ceinture s'attachait presque sous les bras; elle était coiffée d'un bonnet de coton bien blanc; à ses mains, passablement violettes, elle portait deux ou trois bagues d'argent.

Le chasseur regarda si son fusil était désarmé, le remit à son introductrice, et jeta sur une table son carnier vide. Puis il passa dans une chambre où il changea d'habit.

Cette chambre offrait au premier abord une remarquable confusion : l'œil était frappé d'un mélange incohérent de palettes, de chevalets, de toiles commencées et abandonnées pour d'autres qu'on avait quittées à leur tour: une guitare, un cor, un piano, occupaient le reste de la place avec quelques ustensiles de chasse appendus aux murailles. Les seules choses, peut-être, qu'on n'eût pu trouver dans cette chambre, où tout semblait rassemblé, eussent été un encrier et des plumes; de sorte que si, au premier aspect, on se rappelait involontairement cet axiome mythologique, que les Muses sont sœurs, on ne tardait pas à remarquer qu'il y en avait une que le maître de ces lieux proscrivait comme bâtarde et étrangère.

Pour lui, c'était un homme d'assez haute taille; sa figure maigre portait l'empreinte de l'ennui et d'un insoucieux dédain; son teint était fortement hâlé par l'air de la mer; ses cheveux étaient bruns. Malgré la simplicité de ses vêtements, il avait un air de distinction qui frappait dès le premier instant, et que l'examen rendait plus évident encore. Il avait les mains et les doigts effilés; quand sa veste de grosse laine brune s'entr'ouvrait, on voyait une chemise de fine toile plissée avec soin.

Il ne tarda pas à passer dans la chambre de *madame*. A l'époque de ces premiers refroidissements de l'atmosphère, c'était la seule pièce où il y eût du feu régulièrement.

Cette pièce était tendue de bleu clair; le lit, les rideaux, un divan, étaient de la même couleur ; un tapis blanc à rosaces bleues et noires couvrait le parquet. Un grand feu éclairait seul la chambre, lorsque la servante qui précédait Roger apporta deux bougies. Roger, en entrant, baisa la main de sa femme.

Elle était nonchalamment étendue dans une bergère, et, longtemps encore après l'arrivée de son mari, on eût pu voir, au voile qui couvrait son front, à l'incertitude distraite de son regard, qu'elle s'était livrée complétement à la rêveuse influence qu'exerce la fin du jour, alors que les formes des objets s'effaçant peu à peu, l'imagination n'a plus rien à quoi elle puisse s'attacher et se cramponner sur la terre, et que, rompant ses entraves, elle s'élance au ciel et erre vagabonde dans les espaces imaginaires.

Madame Roger était petite, svelte, blonde; ses yeux d'un bleu sombre étaient d'une grande beauté; mais ils avaient, ce soir-là, une vague et indéfinissable expression d'inquiétude et d'étonnement.

— Vous avez bien fait d'arriver, Roger, dit-elle; l'ennui et la tristesse me gagnaient visiblement.

On servit le dîner.

— Je ne suppose pas, dit madame Roger, que ces côtelettes de mouton proviennent de votre chasse d'aujourd'hui; cependant je ne m'aperçois pas qu'on nous serve rien qui approche davantage du gibier.

— Je n'ai rien tué, reprit Roger; ce vieil Anglais, notre voisin, qui depuis si longtemps me persécute pour m'emmener chasser avec lui, m'a fait passer la plus ennuyeuse journée. Il a deux chiens qu'il a dressés lui-même et dont il vante incessamment le mérite. Les deux maudites bêtes forcent l'arrêt d'une manière fabuleuse et font lever les perdreaux à une demi-portée de canon; vingt gardes ne conserveraient pas le gibier aussi bien que ces molosses mal élevés: le maître des chiens tirait imperturbablement des pièces invisibles à l'œil nu. Pour moi, je me suis contenté tout le jour de me promener, l'arme à volonté, en sifflant tous les airs que je sais, et aussi quelques-uns que je ne sais pas.

Madame Roger parut peu sensible aux désappointements du chasseur; peut-être même ne comprenait-elle pas bien ce que c'était que de *forcer un arrêt;* quoi qu'il en soit, les deux époux ne tardèrent pas à s'isoler parfaitement l'un de l'autre, tout en restant chacun à un des coins de la même cheminée.

Au bout d'une heure, Roger se leva, il trouva un bon feu dans sa chambre, alluma une pipe et fuma ; puis il marcha, puis il ouvrit la fenêtre, puis il la referma. Tout à coup, il parut illuminé d'une idée subite. Il sortit de la chambre et s'occupa de rassembler une plume, du papier et de l'encre. Bérénice vint dire que madame écrivait elle-même, qu'elle disposerait volontiers de plumes et de papier pour monsieur, mais que, n'ayant qu'un encrier, elle le gardait et envoyait une bouteille d'encre dans laquelle il serait à monsieur tout loisible de puiser à discrétion ; à quoi Bérénice ajouta de son propre mouvement :

— Pourquoi monsieur n'a-t-il pas un encrier *comme tout le monde ?*

Bérénice ici ne nous paraît pas manquer tout à fait de jugement, et plus d'un de nos lecteurs doit se dire : « Pourquoi Roger n'a-t-il pas dans sa chambre un encrier *comme tout le monde ?* »

C'est ce que nous nous réservons d'expliquer avant la fin de cette histoire.

Roger se mit à écrire et ne se coucha qu'assez avant dans la nuit ; avant de se mettre au lit, il ferma sa porte doucement pour ne pas réveiller sa femme. Au même moment, madame Roger fermait la sienne non moins doucement pour ne pas réveiller son mari, car elle avait aussi veillé en écrivant et en lisant. C'était le lendemain du jour où l'on faisait les comptes des fournisseurs et des ouvriers.

Roger à Léon Moreau, médecin à Paris.

« Honfleur, 30 octobre 48..

» Te voilà de retour à Paris, et j'en rends grâces au ciel, mon cher Léon ; quoique cinquante lieues nous séparent, tu es ma seule société dans la retraite que je me suis choisie. Non que l'ennui m'y vienne assaillir, non que j'y éprouve jamais le moindre regret de ce que j'ai volontairement quitté ; mais, quand j'ai passé une journée à cultiver mon jardin, à flâner sur le bord de la mer, à voir partir ou arriver le passager du Havre, à causer de choses et d'autres avec les marins et les pêcheurs, j'aime à me renfermer le soir avec toi, c'est-à-dire avec tes lettres et avec mes souvenirs, que toi seul partages avec moi, puisque toi seul aujourd'hui connais la première moitié de ma vie, et ce nom dont je voulais faire un nom glorieux et que j'ai quitté en quittant mes rêves de gloire, et ces premières couronnes de fleurs dont les épines ont si cruellement blessé mon front.

» Je me rappelle encore cette soirée de rage et d'humiliation où mon nom, jeté par un histrion à un public auquel j'avais consacré tant de veilles, fut reçu avec des huées et des sifflets d'autant plus cruels, que ce même public m'avait, en d'autres circonstances, traité bien différemment.

» Quinze cents hommes m'insultant parce que mon drame, qu'ils n'écoutaient pas, ne les amusait pas ce jour-là, m'insultant à la fois comme aucun d'eux n'eût osé m'insulter si j'eusse été un voleur, un faussaire, un lâche !

» Oh ! oui, j'ai bien fait, cher Léon, j'ai bien fait de me mettre à jamais à l'abri d'une semblable émotion ; vingt fois j'ai voulu entrer dans la salle, les provoquer, les insulter à mon tour, pour tâcher d'en trouver un seul qui voulût prendre la responsabilité de l'insulte de tous.

» Que dis-je, un seul !... Je me serais précipité sur eux tous, un couteau à la main ; et toutes ces femmes qui riaient, et les acteurs eux-mêmes, si humbles la veille, et, ce soir-là, si insolents !

» Oh ! maintenant, je ne suis plus leur esclave ; je

ne leur donne plus le droit, en mendiant leurs applaudissements, de huer mon nom.

» Il y a assez d'autres fous qui usent leur vie pour ce public, pour cette réunion de quinze cents imbéciles qui, rassemblés, s'érigent en juges infaillibles de l'esprit, du talent, du génie, dont aucun n'a la moindre parcelle, et sont acceptés comme tels par des aveugles qui se vantent de l'indépendance et de la dignité de l'homme de lettres.

» J'ai repris mon nom, celui de mon père, un nom qu'on n'a jamais applaudi, mais qu'on n'a jamais sifflé; un nom qui n'a pas été prostitué aux caprices de la foule, un nom sous lequel j'ai joui des vrais plaisirs, des seuls bonheurs qui n'ont pas laissé après eux une longue amertume.

» Il n'y a rien de changé dans mes rapports avec ma femme; jamais elle ne me donne le moindre sujet de me plaindre; elle est douce, calme, s'occupe de sa maison avec la sollicitude d'une excellente ménagère. Je suis également pour elle le plus attentionné qu'il est possible, et je ne lui refuse rien de ce qui peut lui plaire.

» Notre union est paisible, et, quand je vois d'autres ménages discors, haineux, tracassiers, je me réjouis des maux que nous n'avons pas. Mais, quand je regarde au dedans de moi, quand je me laisse aller à écouter la douce et harmonieuse voix de cette poésie toujours vivante en moi et plus puissante peut-être depuis qu'elle ne s'évapore plus sous ma plume, je comprends alors combien il y a de bonheurs qui me manquent.

» Je n'aime pas Marthe et elle ne m'aime pas. Sa présence me plaît, mais je ne redoute pas son absence; je puis rester plusieurs heures à la chasse au delà du temps que j'ai fixé pour mon retour, sans qu'elle en soit ni inquiète ni troublée. Nos existences ne sont pas liées intimement : elles semblent deux fleuves renfermés entre les mêmes rives sans mêler ni confondre leurs eaux; il y a dans ma vie une partie rêveuse dans laquelle Marthe n'est pour rien, et, sans aucun doute, il en est de même pour elle. Une espèce d'instinct m'avertit qu'il y a entre nous sous certains rapports, un tel espace, que je ne songe jamais à le franchir. Souvent nous nous ennuyons tous les deux, nous tombons dans une langueur morne et silencieuse, et aucun ne cherche auprès de l'autre le remède à son mal.

» Tous deux nous avons dans l'âme un amour sans objet, un besoin plutôt qu'un sentiment. Chez Marthe, ces accès sont plus rares et surtout de plus courte durée; elle ignore la cause et secoue par tous les moyens possibles ces songes qui l'inquiètent et la fatiguent. Moi, je m'y laisse entraîner sans opposer de résistance; souvent même je me complais dans cette mélancolie qui m'enveloppe d'une atmosphère qui me sépare du reste de la vie.

» Rien de ce qui m'entoure ne peut me distraire; je ne vois de femmes que des paysannes ou des pêcheuses qui me font penser que la nature, pour l'homme comme pour les autres animaux, n'a créé que des femelles, et que c'est l'homme qui a créé la femme. Je chasse, je marche, je me fatigue, car c'est le seul moyen de me distraire de la rêverie et d'échapper à ce grand délabrement de cœur.

» Adieu. » ROGER. »

II

Pourquoi Roger n'avait pas d'encre, et pourquoi Bérénice s'appelait Bérénice.

La lettre que vous venez de lire, ou peut-être de ne pas lire, a déjà dû vous donner quelques lumières sur la situation réelle de Roger ; néanmoins, il me prend fantaisie de raconter en peu de mots son histoire, à peu près de la manière dont se contaient les contes de fées, au temps heureux où il y avait des gens assez spirituels pour ne pas prétendre sans cesse au sublime et écrire parfois des contes de fées.

Il était une fois un homme qui s'était livré à la littérature avec quelque succès ; il avait réussi à entourer de quelque gloire le pseudonyme sous lequel il avait d'abord caché son obscurité. Pendant quelques années, il avait fait deux ou trois romans et cinq ou six pièces de théâtre. Il avait du cœur et de l'esprit ; ses ouvrages avaient eu un succès fort honorable. Mais, un jour, le public avait voulu fustiger son enfant gâté : peut-être aussi l'écrivain s'était-il trompé : toujours est-il que la pièce avait été sifflée et n'avait pu aller jusqu'au dénoûment, qui était peut-être magnifique.

Le poëte, qui, jusque-là, avait appelé la voix du peuple la voix de Dieu, tant que le peuple avait dit bravo, changea subitement d'avis sur le public, et s'écria avec Horace : « Je hais le vulgaire ignoble, et je le repousse loin de moi. » Peut-être n'était-il pas absolument impossible à notre poëte de repousser le public, le vulgaire du théâtre pour lequel il travaillait : il aima mieux s'enfuir ; il mit dès lors à rester ignoré et à ne rien faire la même ardeur et la même persévérance qu'il avait mises, jusque-là, à travailler et à se faire connaître. Il y a une chose qui chatouille agréablement l'orgueil, c'est de disparaître en laissant derrière soi une traînée lumineuse comme les étoiles qui filent; on espère briller encore par son absence. Pour Roger, il était de bonne foi ; il eut assez de fierté dans le cœur pour se rappeler que Dieu avait été maître d'école ; mais il eut en même temps assez d'esprit pour se monter la tête avec ce bel exemple, sans cependant l'imiter jusqu'au bout.

Il reprit le nom de son père, abandonna à la critique, à l'envie, aux sifflets, son nom d'emprunt, et partit pour l'Amérique.

Je ne crois pas qu'il y ait quelqu'un qui ne soit pas au moins une fois parti pour l'Amérique. Il se disait, comme on se dit toujours en pareil cas :

— Je suis fort, je suis jeune, je suis intelligent, je travaillerai.

Il eut le bonheur de se fouler un pied au Havre, où il voulait s'embarquer.

Ce n'est pas pour rien qu'on se foule le pied dans un roman, direz-vous. Cela va sans dire, et cela s'explique par cela que, si cet incident n'avait pas amené quelque chose, je ne vous en aurais pas dit un mot.

Cet accident prolongea son séjour au Havre, et la prolongation de son séjour lui fit connaître une fille qu'il épousa. Les théories des *bras forts*, de la *jeunesse* et du *travail* ne sont séduisantes que jusqu'au moment de l'application. La fille avait un peu de bien. Roger acheta une petite maison à Honfleur, décidé à y renfermer le reste de sa vie. Il se fit chasseur, pêcheur, musicien, peintre, ne lut plus, n'écrivit plus, ne confia à personne sa vie passée ; seulement, rien ne pouvait alimenter la partie de l'homme à laquelle ne suffit pas un bonheur matériel. La musique l'intéressa et l'occupa six mois, la chasse quinze jours, la peinture et la pêche six autres mois ; puis il retombait dans l'ennui.

Fidèle à son vœu, il n'avait dans sa chambre ni encre, ni papier, ni livres, et il y avait peut-être six mois qu'il n'avait écrit une lettre quand il se décida à écrire à son ami Moreau.

Passons à notre seconde explication. Bérénice est un nom qui peut paraître assez prétentieux, surtout appliqué, comme nous l'avons dit, à une fille à grosses mains violettes. Nous ne nous laisserons pas condamner pour une chose qui, vue en son véritable jour, doit, au contraire, inspirer au lecteur une profonde vénération pour notre sévérité comme historien, et notre amour de la vérité locale comme romancier. Les paysans des côtes de la Normandie se parent assez volontiers des noms les plus distingués qu'ils peuvent trouver sur le calendrier, semblables en cela aux peuples sauvages, qui mettent dans leurs cheveux des plumes rouges, des boutons de cuivre, du verre cassé et tout ce qu'ils peuvent trouver de luisant, leur fallût-il donner en échange leurs enfants, leurs femmes et même leur tomahawk.

Notre ami Léon Gatayes, qui est encore, par le temps qu'il fait, au milieu de nos autres amis les pêcheurs d'Étretat, dans les repas de fête appelés *caaudraies*, a autour de lui, si nous avons bonne mémoire, deux ou trois *Onésime*, un *Césaire*, deux *Bérénice*, une *Cléopâtre*.

Si notredit ami Léon Gatayes lit par hasard ces lignes, nous n'avons pas besoin de lui recommander de porter notre santé avec nos amis d'Étretat; nous lui rappelons seulement qu'il doit nous rapporter des *ajoncs* que nous voulons naturaliser dans notre jardin, et que, s'il avait oublié la commission, il s'est engagé d'avance à retourner s'en acquitter.

III

Tout à coup le temps redevint beau, le ciel reprit ces teintes d'un bleu sombre qui appartiennent à la fin de l'automne ; de gros flocons de nuages entourèrent l'horizon comme d'une ceinture d'argent. On se serait cru dans l'été, sans l'odeur du safran qu'exhalaient les bois, sans l'aspect triste des arbres presque entièrement dépouillés, sans le calme de l'air qui fait de chaque journée d'automne une soirée d'été de douze heures. Il n'y avait plus dans les arbres que des pinsons et des mésanges à tête bleue ; les quelques fleurs qui avaient résisté aux premières gelées étaient petites, décolorées, et aucun insecte ne venait bourdonner autour d'elles, ni s'enfoncer et se rouler dans leur calice.

L'espérance et le souvenir ont le même prisme : l'éloignement. Devant ou derrière nous, nous appelons le bonheur ce qui est hors de notre portée, ce que nous n'avons pas encore ou ce que nous n'avons plus. C'est ce qui donne tant de prix aux choses que l'on craint de perdre. Le coucher du soleil, les derniers beaux jours de l'automne inspirent une mélancolie heureuse et inquiète à la fois, semblable à celle que l'on éprouve près d'un ami qui va partir pour un long voyage. Marthe et Roger sentaient tous deux cette irrésistible influence; mais, ne trouvant pas l'un dans l'autre de quoi calmer cette turbulence et cette agitation de l'âme, ils se gênaient mutuellement et s'évitaient autant qu'il était possible.

Il n'y a que les imbéciles qui ont de l'esprit pour leur domestique ou pour leur coiffeur. Il n'y a que les sots, les gens qui ne se sentent pas, qui peuvent se consoler de laisser voir les secrets mouvements de leur cœur à des gens indifférents ou incapables de les comprendre.

Les deux époux étaient bien persuadés, chacun pour sa part, que l'autre ne comprendrait pas ce qui se passait en lui, et jamais leur conversation n'avait été si décousue ni portant aussi exclusivement sur des futilités.

Roger alors jeta les yeux autour de lui et se trouva misérablement isolé : Marthe, qui tenait la place de tant de bonheur qu'elle ne donnait pas; Léon Moreau, qui, au milieu des habitudes et des plaisirs de Paris, oubliait l'exilé et ne prenait pas le temps de lui répondre; tous ces étrangers avec lesquels il n'avait rien de commun. Il ne tarda pas à se trouver dans cette situation d'esprit où l'on ne désire rien, où la terre ni le ciel ne peuvent plus rien pour nous : la cervelle devient de plomb, on ne peut plus ni désirer ni se souvenir ; les idées sont vagues, inertes, à demi effacées.

IV

C'est dans ces moments que le moindre incident qui vient tirer de cette torpeur léthargique est reçu avec reconnaissance. Roger se crut sauvé quand on lui apporta une énorme lettre de Paris. Il la pesa dans la main et se réjouit en pensant qu'il y avait pour plus d'un quart d'heure de lecture ; il se prépara à jouir en gourmet de cette distraction ; il remit du bois au feu et ouvrit le paquet.

Léon Moreau à Roger.

« Je t'envoie, mon cher Roger, une lettre que j'ai reçue à l'adresse de ton nom de guerre, de ton nom poétique. Depuis ton départ, j'ai constamment ouvert les autres, qui me semblaient des lettres d'affaires; mais celle-ci, à en juger par l'écriture fine et les lignes serrées, a quelque chose de plus intime qui me détermine à te la faire passer. D'ailleurs, les blessures de ton cœur doivent être aujourd'hui cicatrisées, et tu ne seras peut-être pas fâché de faire une épreuve sur toi-même et de voir quelle impression produira sur toi un regard en arrière. J'espère aller cet hiver avec toi. Vous devez avoir des bécassines. Tu me donneras tes commissions pour Paris, etc. »

MMM. à Vilhem.

« Monsieur, je vous écris, et peut-être j'aimerais mieux ne pas vous écrire; peut-être déchirerai-je cette lettre aussitôt qu'elle sera terminée.

» J'ai lu vos ouvrages, monsieur, et il m'a semblé qu'il m'était donné d'y voir bien des choses que tout le monde n'y voit pas; il m'a semblé que certaines pages, qui exprimaient si bien des idées et des douleurs confuses qui m'ont si souvent traversé le cœur, avaient été écrites exprès pour moi. Il m'a semblé que ces livres, destinés à tous, n'étaient réellement à leur adresse que dans mes mains. Je les sais presque par cœur; je les relis à chaque instant ; quand je suis triste, je sais où trouver les passages où il y a une tristesse semblable à la mienne, je les relis, je pleure avec vous, et je me sens consolée ; ma tristesse même me devient chère, et j'en aime presque les causes. Quand je suis heureuse, je relis ces descriptions avec tant d'amour, et je place mon bonheur dans les endroits où vivent vos héros. Il y a surtout dans un de vos livres une petite romance d'une simplicité, d'une suavité qui me charme au delà de toute expression ; j'ai essayé sur ces paroles, pour les chanter, tous les airs de mon répertoire ; eh bien, aucun ne me satisfait entièrement. Sans doute, monsieur, vous avez fait ces paroles sur un air ; pourriez-vous m'en donner la musique ? J'y attache quelque chose de presque sacré. Je ne les chante que quand je suis seule.

» Mais que penserez-vous de moi, monsieur, de moi qui vous écris ainsi sans être connue de vous et sans vous connaître autrement que par vos livres ? Je ne sais trop comment excuser à vos yeux cette démarche inconsidérée ; je ne sais comment l'excuser à mes propres yeux. . . . .

. . . .

» Je viens de passer un quart d'heure tenant ma lettre dans les mains, prête à la déchirer, et je ne l'ai pas fait. Il me semble, monsieur, qu'on peut agir différemment avec vous autres, poëtes, qu'avec le commun des hommes. D'ailleurs, j'ai trouvé pour moi-même les raisons qui justifient ma démarche.

» Je ne vous ai jamais vu, et probablement je ne vous verrai jamais ; tout nous sépare, les positions, les distances. Certes, je n'oserais vous écrire s'il y avait la moindre possibilité que je pusse vous voir quelque jour. Tenez, monsieur, cette idée me donne du courage, je vais être franche. Je désire beaucoup savoir cet air ; mais ce qui me fait surtout vous écrire, c'est le désir de vous apprendre que j'existe, de vous faire savoir que, dans un coin du monde que vous ignorez, il y a une âme qui comprend la vôtre, une amie inconnue qui vous aime de l'affection la plus désintéressée. Quand vous écrirez de ces lignes si poignantes de vérité, quand vous dévoilerez ces trésors de l'âme que la foule regarde sans la voir, vous saurez qu'il y a un cœur pour les recevoir et les comprendre.

» Tout cela, monsieur, n'est pas *une correspondance* que je veux avoir avec vous. Je ne le peux ni ne le dois. Vous me répondrez une fois, une seule fois, pour me dire que vous avez reçu ma lettre; souvent, en lisant vos livres, j'ai regretté qu'ils ne fussent pas écrits de votre main; les caractères de l'imprimerie me disaient trop qu'ils n'étaient pas pour moi seule, et j'en étais un peu jalouse. J'aurai quelques lignes écrites pour moi, écrites à moi, quelques lignes que personne ne verra, que je cacherai, comme on doit cacher tout bonheur.

» Voici qu'il faut fermer ma lettre et j'ai encore envie de la brûler. Cependant le sort en est jeté. Si cela vous ennuie, vous la brûlerez vous-même. Mais quelque chose me dit que vous me répondrez

» Mon Dieu, si vous pouviez me croire légère, imprudente! Oh! monsieur, ne me jugez pas mal.

2

Je suis une femme sage, modeste et retirée. L'amitié que j'ai pour vous est noble et pure. Je vous aime comme j'aime la verdure des bois, comme j'aime les sombres harmonies du vent. Si je trouvais dans mon cœur la moindre pensée condamnable, je ne vous écrirais pas ; j'ai pour vous de la reconnaissance et une sainte amitié ; je n'oserais pas vous aimer, si mon affection n'était pas une affection de sœur, et puis il y a longtemps que je vous connais ; j'ai tant lu vos ouvrages, où il y a tant de votre âme !

» Je ne relis pas ma lettre, je ne l'enverrais pas. Si vous me répondez, adressez votre lettre à MMM., poste restante, au Havre. »

V

Après la lecture de cette lettre, Roger se leva ; il avait la tête brûlante. Il marcha dans sa chambre, puis dit :

— Au Havre, c'est tout près de moi, c'est là ; on y va en trois quarts d'heure.

Il s'assit de nouveau et réfléchit à cette bizarre missive.

— Est-elle réellement ce qu'elle craint tant de paraître? est-ce une coquette à moitié adroite? n'est-ce qu'un lieu commun d'aventure? Cependant il y a dans cette lettre comme un parfum d'innocence et de pudeur.

Toutes ces pensées remplissaient son cœur d'une indescriptible émotion; il se sentait oppressé, et, d'ailleurs, il était gêné pour penser par le voisinage des gens qui l'entouraient. Il n'aurait voulu pour rien au monde leur laisser deviner le sujet de sa préoccupation; il ne voulait même pas qu'on vît qu'il était préoccupé. Cela lui eût semblé déjà une profanation, tant il prenait involontairement d'intérêt à ce qui lui arrivait.

Il prit son fusil et son carnier, et sortit, affectant le plus possible l'air d'un chasseur déterminé; il se dirigea vers le bord de la mer et marcha sans s'arrêter jusqu'au moment où il ne vit plus ni hommes ni maisons. Là, il s'assit sur une roche et relut la lettre. Le vent lui rafraîchissait délicieusement la tête ; cet homme, qui depuis longtemps renfermait tant de poésie dans son cœur, la laissait s'échapper en pensées d'amour et d'espérance.

Cette nonchalance de l'âme venait de cesser tout à coup ; il sentait renaître en lui le désir de l'énergie. Il eût voulu se jeter aux genoux de cette femme qui venait ainsi réveiller sa vie et lui dire : « Je t'aime. » Il avait envie de partir, d'aller la chercher. Puis il se rappelait ses livres, il tâchait de se souvenir des passages qui avaient pu la frapper.

— Elle ne me parle pas de mes drames. Peut-être elle ne les connaît pas ; il y en a cependant où j'ai parlé de l'amour avec feu et noblesse, un où j'ai jeté **mon** âme tout entière... Et cependant si, au lieu d'écrire *au public*, j'avais écrit *à elle* pour *elle*, si j'avais su que, dans *un point du monde*, il y avait une âme qui m'écoutait !

La nuit le surprit dans cette fièvre poétique, il regagna sa demeure à pas lents ; quand il entendit le peu de bruit de la ville, quand il vit les premières maisons, tout son enthousiasme tomba : il sourit amèrement et se dit :

— Je suis fou.

Bérénice lui demanda d'un rire goguenard s'il avait fait bonne chasse. Il se crut deviné, et, pour la cacher davantage, il renfonça sa préoccupation dans son cœur, où elle se cramponna. Il répondit que non, qu'il avait été maladroit.

— Et de plus, dit Bérénice, monsieur, n'avait ni poudre ni plomb.

Et elle lui montra la poire à poudre et le sac à plomb oubliés sur la table.

A dîner, il trouva Marthe maussade et ennuyeuse. La pauvre Marthe était tout simplement comme à son ordinaire. Mais il n'était pas fâché d'avoir un prétexte de ne pas dire un mot. Il prit une plume, du papier, puis il fut longtemps sans écrire. Il se leva et arrangea ses cheveux devant un miroir, involontairement; il sentait le besoin d'être beau, même loin d'elle. Puis il se remit à sa place.

— Que vais-je lui dire? Si je me laisse aller à l'influence sous laquelle je suis en ce moment, elle me prendra pour un fou, ou elle s'alarmera de cette amitié subite et passionnée. L'affection qu'elle me témoigne est fondée; elle me connaît, elle. Mais, moi, ne pourra-t-elle pas croire, avec raison, que je serais pour tout autre ce que je suis pour elle? Et, d'ailleurs, sais-je ce qu'elle est? Il faut pourtant répondre. J'aimerais mieux ne pas avoir reçu cette lettre; je n'ai plus dans la tête que confusion et incertitude.

Cependant, après s'être tenu quelque temps à la fenêtre et à l'air, il revint à sa place et écrivit. D'abord il imagina de lui raconter toute sa vie, puis il déchira la page.

— Il faut garder l'auréole poétique qui me couronne à ses yeux. Elle ne comprendrait pas comment je me suis résigné à tout le prosaïsme de la vie que je mène.

Vilhem à MMM.

« Votre lettre, madame, m'arrive dans un moment de découragement et d'abattement profond. Fatigué des amitiés qui m'entourent et qui ont surtout ce défaut de n'être pas des amitiés, je saisis avec empressement l'occasion de dépayser mon cœur. Je vous aimerai de loin, cela me réussira peut-être.

» Je ne sais comment vous écrire. Dans une correspondance ordinaire, vous me parleriez de moi, et je vous parlerais de vous. Mais vous me connaissez, et je ne vous connais pas. Vous me parlez de moi, et il faut répondre de moi. J'aimerais cependant bien pouvoir vous parler de vous.

» Souvent, quand j'écrivais, je m'isolais de la foule, du public, et je me figurais que je racontais mes livres à une femme pour laquelle seule je rêvais de la gloire, pour laquelle seule je voulais mettre en dehors ce qu'il y avait de beau et de noble en moi.

» Cette femme, je ne l'ai pas trouvée ; voulez-vous l'être? Je n'écris plus; du moins, je n'écris plus pour le *public*. J'écrirai pour vous.

» Peut-être vais-je vous paraître me donner beaucoup au hasard; peut-être ne méritez-vous pas ce qu'il y a de bonne affection pour vous dans mon cœur. Mais un instinct secret me pousse vers vous,

Je joue mes dernières chances de bonheur avec d'autant plus de confiance que je les croyais perdues, et que, si je me trompe, je serai comme j'étais hier. Aimons-nous donc de loin. Je vous donnerai de ma vie tout ce que j'en pourrai dérober aux ennuis qui m'entourent. Je regarderai comme une précieuse conquête tout ce que j'en pourrai réserver pour vous.

» Répondez-moi, parlez-moi de vous.

» Toujours à la même adresse. »

— Oui, se dit Roger, toujours à la même adresse. Je ne l'aimerais plus, si on soupçonnait le moins du monde notre correspondance. J'aime mieux, d'ailleurs, le mystère dont je suis entouré même à ses yeux. Pourquoi moi-même me livrerais-je plus vite qu'elle? Et puis je suis si près d'elle! si elle est telle qu'elle le dit, cela l'inquiéterait. D'ailleurs, il faudrait lui parler de ma vie actuelle, et peut-être aussi de ma femme, ce que je ferai le moins et le plus tard possible.

Puis il sortit et alla porter sa lettre à la poste,

quoiqu'elle ne dût partir que le lendemain et que cette précipitation n'avançât pas son départ d'une minute. Mais il lui semblait que cela le rapprochait d'elle.

Nous n'avons nullement l'intention de discuter les caprices et les fantaisies des amoureux, surtout de ceux qui ne connaissent pas leur maîtresse et sont les plus amoureux de tous.

VI

MMM. à Vilhem.

« *Mon ami,* que vous êtes bon ! Comme votre confiance m'honore et me rend heureuse ! J'ai d'abord hésité à envoyer chercher ma lettre ; à mesure que le moment approchait où votre réponse pouvait arriver, je l'espérais moins. Je ne demeure pas au Havre, laissez-moi ce mystère qui me protége et qui me donne le courage de vous aimer ; ne me demandez pas où je suis, soyez seulement sûr que je pense à vous. Quand on est revenu, je n'osais pas demander si l'on avait une lettre ; on me l'a remise, je l'ai prise et je me suis enfermée; je ne pouvais croire, c'est tout au plus si je comprends encore mon bonheur, maintenant que j'ai lu et relu la lettre un million de fois. Je ne m'étais pas trompée sur vous ; et cependant, j'étais si fâchée de vous avoir écrit! j'aurais donné tout au monde pour que ma lettre ne vous parvînt pas.

» Oui, c'est avec un indicible bonheur que j'accepte votre amitié ; vous verrez comme une femme aime et console. Je suis donc votre sœur, votre amie, je réunirai sur vous seul toutes les tendresses d'une sœur, d'une mère. Laissez-moi vous aimer, acceptez tout ce qu'il y a de dévouement dans mon cœur ; après cela, quand vous me connaîtrez mieux, aimez-moi un peu si vous pouvez.

» Mais surtout, je vous le répète, ne cherchez à savoir ni où je suis, ni qui je suis ; j'aurais peur de vous et je ne vous aimerais plus. Ma vie était si ennuyée, si triste, si inerte! Rien ne me plaisait ni ne m'intéressait ; c'est que je vous avais deviné, mon ami ; c'est que je vous attendais, et que tout ce qui n'était pas vous ne pouvait me satisfaire.

» Je vous appelle aujourd'hui *mon ami*; il y a longtemps que je vous appelle ainsi dans mon cœur ; ce nom n'a rien de nouveau ni d'étrange pour moi ; mais ne me trouvez-vous pas bien imprudente, et ne fais-je pas mal en agissant comme je fais ? Cette terreur qui me glace à la seule pensée qu'on pourrait savoir que je vous écris, vient-elle d'un instinct de retenue et de devoir, ou de la peur qu'on ne me prenne mon bonheur ? Mon ami, si j'ai tort, dites-le-moi. Guidez-moi, conseillez-moi, soyez bon, ne me punissez jamais de n'être qu'une pauvre femme ignorante qui n'a peut-être pas assez réfléchi avant de vous écrire.

» Vous voulez que je vous parle de moi ; que puis-je vous en dire ? Je ne l'ose pas encore : il me semble que ça serait un peu manquer à ma résolution de vous rester inconnue. Cependant, si vous alliez vous faire de moi un portrait qui ne me ressemblât pas, et que vous vous missiez à aimer ce portrait... Je suis jeune, j'ai les cheveux blonds, je passe pour assez jolie... Voilà tout ce que vous saurez.

» Mais vous, mon ami, faites-moi donc un peu votre portrait. Du reste, je suis sûre que je vous ai **deviné**; vous êtes grand, élancé, vous avez vingt-huit ans, votre chevelure est noire. Je gage que je ne me trompe pas.

» La mer est bien belle au moment où je vous écris. Vous, Parisien, vous ne savez pas que la nature nous donne des fêtes plus splendides que les vôtres. Je vous envoie quelques violettes sèches que j'ai trouvées cachées sous les feuilles dans mon jardin. Ce sont probablement les dernières de l'année.

» Adieu. »

Le soir, Roger remarqua avec mauvaise humeur que sa femme était blonde : il **lui** semblait qu'elle n'en avait pas le droit; rien n'est choquant comme les ressemblances que se permettent d'avoir les gens qu'on n'aime pas avec les gens qu'on aime. Dans la situation de Roger surtout, cette similitude était tout à fait désagréable et incommode; il ne connaissait pas le visage de sa correspondante, et, quand il voulait se le figurer en esprit, l'idée des cheveux blonds amenait naturellement une ressemblance entre la figure que cherchait à créer sa fantaisie et celle de sa femme. C'était, sans contredit, le plus mauvais tour que le hasard pût lui jouer.

Pour Marthe, elle annonça à Bérénice qu'il fallait, le lendemain, se lever de bonne heure, attendu qu'i y avait à s'occuper de la confection des confitures de coing. Roger fit une moue fort méprisante ; ce qui ne veut pas dire qu'il méprisât en elles-mêmes les confitures de coing, lesquelles sont incontestablement les plus spirituelles d'entre les confitures.

VII

MMM. à Vilhem.

« Je vous l'ai dit, cher monsieur Vilhem, je ne serai jamais pour vous rien autre chose qu'une affection; et j'ai regret au mouvement de coquetterie jalouse qui m'a fait vous dire la couleur de mes cheveux. Je veux être pour vous comme les *anges du ciel*, dont on ne sait pas le sexe, que l'on croit si beaux, sans savoir en quoi consiste leur beauté.

» Mais vous, je veux vous connaître, je veux vous voir et vous suivre en esprit ; dites-moi si je me suis trompée dans l'idée que je me suis faite de votre aspect et de votre visage. Dites-moi tout ce qui peut vous rendre plus présent à ma pensée. Racontez-moi vos habitudes, les heures auxquelles vous travaillez. Faites-moi la description de votre cabinet de travail. Je veux savoir les couleurs et les fleurs que vous aimez ; travaillez-vous le jour ou la nuit ? quelques-uns des personnages que vous mettez en scène dans vos ouvrages sont-ils des portraits ou des fantaisies de votre imagination ? Si vous ne me répondez pas bien clairement à toutes ces questions, je me fâche contre vous, et je ne vous aime plus. Il y a surtout une question que j'ai gardée pour la dernière, en forme de post-scriptum, pour deux raisons : d'abord, parce que je n'ose guère la faire ; ensuite, parce que c'est peut-être celle dont la solution pique le plus vivement ma curiosité. Parlez-moi de la femme que vous aimez. Je ne comprends pas un poëte sans amour, et vous qui possédez à un si haut degré toutes les facultés du poëte, vous n'aurez pas négligé précisément ce point.

» Il faut encore que vous vous soumettiez à un caprice. Vous recevrez avec cette lettre des plumes que j'ai taillées pour vous. Il faut vous en servir ; j'aurai un double plaisir à lire votre ouvrage. Mais, à propos, paresseux, votre dernier porte une date déjà vieille de trois ans. Que faites-vous donc? Vous êtes-vous laissé prendre au tourbillon du monde ? Avez-vous oublié ce que vous dites dans un de vos livres : « Le poëte est comme l'aigle, qui ne des-
» cend dans la vallée que pour y saisir sa proie, et
» s'envole avec elle plus près du soleil et du ciel, sur
» les pics inaccessibles où il a placé son aire. »

Lorsque Roger reçut cette lettre, sa maison était tout entière en proie à la fabrication des confitures de coing ; chaque cheminée avait un chaudron, chaque table était couverte de pots, et Marthe vint le prier de découper les ronds de papier destinés à les couvrir. La première pensée de Roger fut de rejeter bien loin cette occupation qui cadrait médiocrement avec l'exaltation actuelle de son esprit. Cependant il réfléchit qu'étendu dans un fauteuil et se livrant aux plus doux rêves en songeant à *sa correspondance*, il devait, aux yeux de Marthe, paraître le plus désœuvré des hommes, et que son refus aurait tout l'air d'une mauvaise humeur qu'il eût été fort embarrassé d'expliquer. Il se résigna donc, prit les ciseaux, le papier, et laissa agir ses mains selon les instructions reçues, tandis que son esprit franchissait l'espace qui sépare Honfleur du Havre de Grâce.

Quand il eut découpé un certain nombre de ronds, il pensa qu'il avait le temps d'écrire avant qu'ils fussent tous employés, et il répondit à MMM.

VIII

Vilhem à MMM.

« Hélas! hélas! hélas! *cher ange*, puisque vous voulez bien être le mien, hélas! hélas! hélas! il y a dans la vie humaine une certaine quantité de prosaïsme, alliage dans l'or, qu'il faut nécessairement subir et auquel rien ne peut nous faire échapper. Le poëte trouve quelquefois moyen de dépenser son or pur; mais il lui faut tôt au tard se servir de l'alliage pur à son tour; je me suis longtemps désespéré de cela; aujourd'hui, mon désespoir est devenu un rire sardonique. A quoi pensez-vous que votre lettre me trouve occupé? A des travaux de ménage!

» Oui, vous êtes mon ange, mon ange consolateur, mon ange sauveur. Depuis que je vous ai trouvée, ma vie a un but. Je sais pourquoi je me réveille le matin : pour songer à vous, pour attendre votre lettre. Quand je vois, le soir, ces beaux couchers du soleil, ces splendides reflets dont se pare le ciel, j'ai maintenant un ange, un dieu à placer dans ce ciel, sur ce trône de pourpre et de feu, si tristement vide pour moi jusqu'ici. Maintenant, je me réjouis de ce que le ciel m'a donné d'esprit, de force, de courage; semblable aux saints de la mythologie hébraïque, « je me réjouis de la belle moisson que je puis » offrir à mon Dieu. »

» Non, je ne travaille pas, et, pour cela, je n'ai

pas abandonné ma douce solitude dans laquelle, sans vous connaître, je vous ai toujours gardé une place à côté de moi. Je ne travaille plus pour la foule, dont, par une bizarrerie que je ne m'explique pas, les suffrages me laissent froid et le blâme me blesse profondément. Je vous écrirai, j'écrirai pour vous seule tout ce que vous voudrez.

» Cependant je me prends parfois à caresser dans mon cœur un amer regret. Je me rappelle ces quelques soirées de triomphe où, après la représentation de mon œuvre, mon nom jeté à la foule était répété par elle avec des cris d'enthousiasme presque furieux. Oh! que n'étiez-vous là! c'est si j'avais dû en parer votre front, que ces couronnes auraient eu du prix pour moi. Souvent, parmi toutes ces femmes parées, je cherchais vainement s'il y en avait une qui fût heureuse de mon triomphe, et mon orgueil, un moment satisfait, rentrait douloureusement en moi et retombait sur mon cœur.

» Vous voulez me connaître? J'attends un ami qui peint un peu; je ferai faire une sorte de portrait que je vous enverrai. J'espère que, plus tard, vous changerez d'idée sur le mystère qui vous dérobe à moi. Les anges ne se cachaient que pour le vulgaire et se manifestaient aux hommes vertueux qu'ils aimaient. Je suis, à ce prix, capable d'accaparer toutes les vertus.

» Tenez, je vous le disais bien, il faut expier tout bonheur : on m'arrache d'auprès de vous; mais, cher ange, je me promets bien d'être à l'avenir complétement nul et bête pour tout le monde; je serai si heureux de n'avoir de l'esprit et du cœur que pour vous, et de vous garder tout ce que j'en ai ! »

IX

MMM. à Vilhem.

« Mon cher ami, pourquoi ne me disiez-vous pas que vous étiez Marié ? Croyiez-vous que cela me chagrinerait ? Mais cela m'enchante, au contraire. Vous avez disposé de la partie de vous dont je ne veux pas et dont je n'ai que faire. Ce que je vous demande, ce que je veux, ne fait tort à personne, et je le garde sans scrupule. Vous verrez, cher Vilhem, combien mon affection pour vous sera pour l'avenir plus tendre et moins craintive. J'avais encore peur de vous, quoique je fisse bien la brave et la résolue. J'avais peur que vous ne vous crussiez obligé de m'aimer d'amour. Disons tout : j'avais peur de finir par descendre de ce ciel d'où je vous aime saintement pour vous aimer comme une simple mortelle; je vous disais : « Oubliez que je suis femme; » et moi, je ne pouvais l'oublier, je le sentais par mes craintes et par ma réserve involontaire. Mais, aujourd'hui que j'apprends à quel point nous sommes séparés, quels invincibles et éternels obstacles s'élèvent entre nous, je vous puis aimer à mon aise, sans terreur, sans remords. Je ne redoute plus d'être sur une pente roide et glissante. Votre situation me marque des limites que, moi qui me connais, je suis certaine de ne pas franchir. Je ne passerai plus des demi-heures à relire mes lettres, à atténuer les expressions trop vraies de ma tendresse pour vous, maintenant que je suis sûre qu'elle ne peut m'entraîner. Nous ne parlerons jamais de votre femme.

Vous ne me demanderez pas si je suis mariée. Voici encore une violette. Cette fois, ce sera la dernière. Je l'ai trouvée seule ce matin, sous les feuilles couvertes de givre et ridées par le froid; elle renferme le dernier rayon du soleil qui a à peine eu la force de l'épanouir et de la colorer.

» Il m'est venu une idée, une idée à laquelle je tiens beaucoup; mais, avant tout, écoutez-moi bien, mon ami : la révélation de votre mariage, tout en me tranquillisant par les bornes placées entre nous, me rendrait inflexible sur tout ce qui tiendrait le moins du monde à me les faire franchir. Vous serez obéissant, cher Vilhem; je n'exigerai de vous que ce qui servira à nous conserver le bonheur que nous nous sommes fait.

» Mon idée, du reste, n'a rien de tyrannique ni de répressif : je vous envoie des graines de fleurs qui ont embaumé mon jardin tout cet été. Vous les sèmerez dans votre jardin, si vous en avez un, ou sur votre terrasse; ensemble, au beau temps, par les belles soirées, au même instant, nous respirerons les mêmes parfums. Je suis sûre que votre femme ne se-

3.

rait pas jalouse de cela. Mais il est convenu que nous ne parlerons jamais d'elle.

» Je ne veux pas de votre portrait, cela lui appartient à elle. Je ne *veux* pas non plus que vous cherchiez jamais à vous rapprocher de moi. »

X

Nous avons ici le plaisir d'annoncer à nos lecteurs que deux lettres de notre collection ont été heureusement perdues. Nous disons heureusement, parce qu'elles ne contenaient que très-peu de choses en un certain nombre de pages : Roger s'étonnait de la découverte de *son ange;* il la remerciait de son idée de lui envoyer des graines et lui apprenait qu'il était possesseur d'un jardin. Il disait passablement de mal de sa femme.

L'*ange* le rappelait à l'ordre sur ce dernier sujet. Elle n'avait fait que soupçonner le mariage de Wilhem d'après une phrase de sa dernière lettre; il avait pris lui-même la peine de transformer ce soupçon en certitude. Elle lui demandait des graines en échange de celles qu'elle lui avait envoyées.

XI

Roger partit un matin avec un fusil sur l'épaule, gravit jusqu'au sommet de la côte; puis, ayant regardé si personne ne le voyait, il redescendit par un autre chemin, et, comme on entendait tinter la cloche du *passager*, dernier signal qui annonce le départ du bateau qui va de Honfleur au Havre, il se prit à doubler le pas et arriva au moment où le patron donnait ordre de retirer l'échelle.

Il y a des gens qui ont, relativement à la mer, des idées dont ils ne peuvent se départir en aucun cas; il est juste de dire que ces gens, d'ordinaire, ne sont pas plus progressifs sur d'autres sujets. Nous avons vu d'honnêtes Parisiens se sentir pris du mal de mer juste au moment où, en passant la barre de Quillebœuf, on leur disait que l'on sortait de la Seine pour entrer dans l'Océan. Pour la plus tranquille et la plus courte traversée, on croit devoir avoir le mal de mer, comme on croit devoir manger du pâté à Chartres; préoccupation qui a empêché bien des gens de visiter la magnifique cathédrale et les beaux vitraux que l'on y trouve également.

Arrivé au Havre, il déjeuna, puis il se dirigea vers la poste pour y mettre lui-même une nouvelle lettre. Il se sentait un invincible besoin de se rapprocher d'elle; chaque femme que, sur son chemin, il vit marcher dans la direction de la poste aux lettres lui fit éprouver un indicible serrement de cœur.

MMM. semblait parler sérieusement dans les conditions qu'elle mettait à la correspondance; il aurait craint de lui inspirer de la défiance en lui avouant qu'il était beaucoup moins loin d'elle qu'elle ne le supposait. Aussi avait-il eu soin dans sa lettre de lui expliquer qu'elle verrait *souvent* sur ses lettres le timbre du Havre, parce qu'il les envoyait à *une connaissance* qui les mettait à la poste. Comme il allait sortir du bureau, une domestique y entra qui demanda au buraliste :

— Avez-vous une lettre ?

Et elle joignit à cette question un ton et un air

d'intelligence qui semblait témoigner qu'elle était connue et qu'on savait ce qu'elle demandait.

— Une lettre *aux trois MMM ?* reprit le receveur avec un sourire niais. La voici.

La domestique sortit avec la lettre.

Roger resta quelques instants stupéfait ; puis il se précipita sur ses traces ; il ne tarda pas à la rejoindre, et la suivit jusqu'au moment où elle entra, sur la hauteur d'Ingouville, dans une petite maison de laquelle on devait avoir une admirable vue de la mer.

Il s'arrêta à quelques pas de la porte : son cœur battait violemment. Cette femme, l'objet de tous ses rêves, le sujet de toutes ses pensées, elle était là ; il pouvait la voir ; l'épaisseur d'une porte les séparait. Un moment il eut envie d'entrer brusquement, de se jeter à ses genoux, etc.

Entre un semblable plan et l'exécution, il y a quelque peu de chemin.

— Et si elle n'est pas seule, et si, dans le premier effroi, elle crie, elle appelle, et si elle ne veut plus me voir pour avoir manqué à nos conventions !

Il s'approcha timidement, et, à travers une grille de bois peinte en vert, il plongea des regards avides dans le jardin qui entourait la maison : quelques plates-bandes avaient des bordures de violettes ; il se rappela celles qu'il avait reçues ; il se représenta l'*inconnue*, écartant de ses petites mains effilées, devenues roses par le froid, ces feuilles glacées et d'un vert morne. Le moindre détail extérieur de cette petite maison l'intéressait à un point que nous ne saurions dire. Il cherchait à deviner, par le nombre des fenêtres, où devait être sa chambre ; et, quand il croyait voir remuer un des rideaux, il ne pouvait plus respirer.

Évidemment ces rideaux bleus appartiennent à sa chambre ; mais voici une autre pièce avec des rideaux jaunes : il n'est pas probable que ce soit un salon ; qui habite cette pièce ? Il sentit à cette pensée froid au cœur.

Le temps passait vite au milieu des émotions ; il ne tarda pas à s'apercevoir qu'il était au moins temps de retourner au bateau, s'il voulait profiter de la marée. Il descendit la côte, regardant à chaque instant derrière lui : quand il fut arrivé à un endroit où un pas de plus ne lui permettrait plus de voir la maison, il s'arrêta quelques instants, puis il se hâta de gagner le port ; mais le *passager* était parti. Ce contre-temps était fâcheux ; il n'avait pas averti qu'il ne rentrerait pas, et cependant il n'y avait plus moyen de partir avant le milieu de la nuit. Il s'y résigna cependant d'autant mieux que cela lui permettait de retourner à Ingouville ; il dîna et retourna à son poste par beaucoup de détours ; il n'était pas curieux de rencontrer les parents de sa femme.

La chambre bleue seule était éclairée. Il suivait avec anxiété la moindre oscillation qu'éprouvait la lumière ; une ombre passa sur le rideau, mais cette ombre était immense et difforme, et ne pouvait rien faire discerner. Il y eut un moment où il aperçut deux ombres, puis les cordes d'une harpe se firent entendre ; les cordes vibraient délicieusement dans le silence de la nuit et résonnaient au plus profond de son cœur ; il resta longtemps plongé dans un ravissant enchantement. Puis les accords cessèrent, il se fit du mouvement dans la chambre: la lumière changea de place et s'éteignit.

Il frissonna; le mouvement d'aucune lumière n'avait indiqué que la seconde ombre passât dans une autre pièce.

A moins cependant qu'il n'y eût un passage au fond de la chambre. Il fit le tour de la maison et s'aperçut qu'elle était double en profondeur; cela le tranquillisa à moitié. Il resta encore quelque temps; malgré son manteau, il était roide de froid; il redescendit, en proie à des impressions diverses. Son amour avait changé de nature depuis que *son ange* était devenu sinon visible, du moins possible à voir; depuis que l'âme aimée avait pris un corps.

Il rentra chez lui vers trois heures du matin; Bérénice le reçut fort mal; pour Marthe, elle dit fort doucement qu'elle avait été inquiète. Roger fut de mauvaise humeur de cette douceur qu'il fallait bien aimer un peu : tout ce qu'il enlevait à MMM. lui coûtait prodigieusement; et, surtout depuis sa découverte, elle s'était emparée, du moins par la pensée de Roger, de tout ce qu'elle avait laissé à Marthe jusque-là.

XII

Depuis ce jour, chaque matin Roger partait de Honfleur, allait passer quelques instants devant la maison d'Ingouville, et revenait le soir, toujours sous le prétexte d'une chasse lointaine. Marthe s'y était habituée et n'y faisait pas la moindre attention; pour Bérénice, elle ne pouvait trouver naturel que monsieur passât à la chasse une centaine d'heures par semaine et ne rapportât jamais rien ; un soir, Marthe en fit elle-même l'observation. La correspondance ne s'arrêtait pas néanmoins, et l'inconnue se laissait aller de jour en jour à une tendresse plus expansive.

Les excursions de Roger duraient depuis plus d'une semaine, lorsqu'il s'avisa de deux choses : la première était qu'il fallait s'informer du nom des propriétaires d'Ingouville, se faire donner pour eux une lettre de recommandation, et s'introduire dans la maison, sans se faire connaître de MMM. ; la seconde, qu'il fallait, de temps à autre, rapporter un peu de gibier.

Il écrivit donc à Léon qu'il eût à lui envoyer, dans le plus bref délai possible, une lettre de n'importe qui pour M. Aimé Deslandes, à Ingouville.

En attendant la lettre, il va errer autour de la maison, sans jamais voir personne autre que quelques domestiques qui commençaient à remarquer ses assiduités. Il vit avec chagrin que le jardin n'était pas cultivé, que l'herbe poussait dans les allées, et qu'on aurait pu facilement lui appliquer cette naïveté d'une femme qui croyait que l'*horticulture* n'était autre chose que la *culture des orties*.

Il en tira la conséquence que l'*ange* se parait d'un peu plus d'amour de la nature et des fleurs qu'elle n'en ressentait réellement. Il en fut indisposé contre elle : l'affectation des bonnes qualités et des beaux sentiments est tellement odieuse, que, faute d'autre moyen de la détruire, on se sent quelquefois porté à désirer l'anéantissement de l'original pour anéan-

tir en même temps les insupportables copies que
l'on en fait.

Ce jour-là, la mauvaise humeur qu'il ressentait
contre l'*ange* lui inspira naturellement l'idée qu'il
ne fallait pas s'aliéner sa femme entièrement, et
qu'il devait ne négliger aucune précaution pour ne
pas lui laisser soupçonner l'infidélité tous les jours
moins platonique dont il se rendait coupable envers
elle. Aussi, à son retour à Honfleur, s'adressa-t-il à
un braconnier qu'il connaissait un peu, et le pria-
t-il delui vendre une pièce de gibier quelconque. Le
braconnier, un moment embarrassé, ne tarda pas à
lui apporter un *magnifique canard sauvage*, que Roger
paya sans marchander, et qu'il jeta sur la table avec
un air d'indifférence étudié, quand Bérénice vint lui
ouvrir la porte.

Le lendemain matin, il reçut de Léon la lettre
pour M. Aimé Deslandes d'Ingouville ; on ne l'annonçait que sous son nom de Roger. Il sauta de joie à
la réception de cette lettre : il pourrait étudier l'*ange*
sans qu'elle s'observât devant lui; il la verrait, lui
parlerait, entendrait sa voix, sa voix qui manquait

tant aux douces paroles qu'elle lui écrivait. Il était trop tard pour aller au Havre ce jour-là ; il se mit à attendre que la journée passât, pressant chacun des actes qui la remplissaient et dont il n'avait ordinairement nul souci. Il demanda à dîner de bonne heure, parce qu'après dîner il n'y avait plus rien à faire qu'à se coucher et dormir jusqu'au lendemain.

Je ne sais quel air moqueur avait Bérénice en servant sur la table le produit de la chasse de son maître ; toujours est-il qu'elle resta dans la salle à manger plus longtemps que son service ne l'exigeait, pour jouir de l'effet que devait produire nécessairement le plat qu'elle venait d'apporter.

Le *canard sauvage* était accommodé *aux navets*, ni plus ni moins que le dernier d'entre les canards de basse-cour. Marthe, en bonne ménagère, ne manqua pas de s'en apercevoir et d'en faire l'observation.

— Madame, reprit Bérénice, il faut que monsieur ait été à la chasse dans une ferme et ait tué ce canard en lui tordant le cou ; car, outre qu'il n'a pas un grain de plomb dans tout le corps, c'est le canard le moins sauvage que l'on puisse voir, et je parierais mes gages d'un an qu'il barbotait encore avant-hier dans la mare de quelque ferme.

Marthe sourit, et, voyant l'embarras de Roger, elle dit :

— Bérénice, vous ne savez pas ce que vous dites.

— Si fait bien, madame, repartit Bérénice ne voyant pas ou feignant de ne pas voir les signes que sa maîtresse lui faisait pour lui ordonner de se taire ; j'en ai accommodé par centaines, des sauvages et des privés ; celui-ci est un peu trop gros pour un sauvage : un canard sauvage qui connaît son état a le cou plus grêle, la patte plus menue, les ongles plus noirs, et surtout la membrane des pieds un peu plus mince et douce que celle des pieds de ce pays. A un vrai canard sauvage, les palmes sont comme un satin.

Roger prit le parti d'avouer en souriant qu'il avait acheté le canard et que le braconnier s'était moqué de lui. Marthe sourit d'abord ; puis quelque chose de contraint se mêla à son sourire ; puis un mouvement imperceptible de sa physionomie sembla dire :

— Au fait, j'en ai pris mon parti.

Un quart d'heure après, elle ne pensait plus *aux chasses* sans résultat de son mari, ni à tout ce qu'elle aurait eu le droit d'en conclure.

Pour Roger, il avait perdu de vue ses griefs contre MMM. Il sentait à chaque instant un frisson lui parcourir le corps; puis il s'inquiétait de l'effet qu'il produirait sur elle. Il se releva au milieu de la nuit pour voir s'il avait un gilet convenable; il craignait d'être gauche, embarrassé; il préparait ce qu'il avait à dire.

— Après tout, se disait-il, elle ne saura pas que c'est moi.

Dès le point du jour, il était sur la jetée de Honfleur, attendant qu'il plût à la mer de monter assez haut pour qu'on pût mettre le *passager* à flot.

Arrivé au Havre, il se fit friser, raser; il acheta des gants de la première fraîcheur; puis, comme il avait un peu plu le matin, et que les chemins étaient fangeux, il s'occupa de trouver une voiture qui pût le conduire à Ingouville. Arrivé près de la porte, il sentit qu'il pouvait à peine respirer, et que le premier mot qu'il prononcerait s'arrêterait dans sa gorge et l'étoufferait inévitablement ; il passa la main dans ses cheveux, rehaussa sa cravate, s'assura si sa lettre était dans sa poche et sonna. On fut quelque temps sans répondre, puis des pas lourds et traînants s'approchèrent, et un vieux domestique ouvrit la porte.

— M. Aimé Deslandes ?

— Il vient de partir pour Rouen.

Roger reprit haleine, et dit :

— Et madame ?

— Madame est avec lui ; ils seront absents pendant quinze jours ; monsieur veut-il laisser son nom ?

— Je reviendrai.

Et il remonta en voiture : peut-être lui eût-il été fort difficile de dire s'il était bien fâché de la mésaventure.

Le soir, Marthe lui dit :

— Mon cher Roger, vous rentrez depuis quelque

temps bien tard ; pour ne pas vous gêner ni moi non plus, car souvent je ne puis retrouver un sommeil interrompu, j'ai fait mettre un matelas de plus au lit qui est dans votre chambre, et vous pourrez y coucher *habituellement*.

Roger regarda fixement sa femme. La physionomie de celle-ci était calme et naturelle et ne peignait ni colère ni mauvaise humeur ; peut-être, au premier moment, eût-il demandé ce changement ; mais, venant de sa femme, cette idée le troubla et lui parut suspecte. Pour se tranquilliser, il relut toutes les lettres de l'*inconnue* qui était si près de ne l'être plus ; et, quand il s'endormit, il avait complétement oublié tout ce qui n'était pas elle.

XIII

La petite maison de la côte de Honfleur renfermait de grandes agitations ; Marthe avait à moitié compris que quelque chose qui n'était pas elle préoccupait singulièrement son mari ; d'abord elle s'en était affligée ; puis elle avait montré un peu de mauvaise humeur, puis elle était devenue triste, puis enfin elle avait pris le parti de se renfermer dans les soins de son ménage. Seulement, elle s'éloignait de son mari autant que celui-ci semblait s'éloigner d'elle; elle s'était résignée à l'abandon, pourvu qu'elle ne fût pas exposée à un partage.

Pour Roger, il s'aperçut que sa femme s'éloignait de lui sans se douter le moins du monde que ce n'était qu'une représaille.

Après un grand danger, quand on a senti la vie près de s'exhaler à la première fois que l'on respirera, il y a quelques jours pendant lesquels on aime la vie pour elle-même.

Vivre est un bonheur qui n'en laisse désirer aucun autre; on borne tous ses désirs à respirer, à sentir la douce influence du soleil, à s'enivrer du parfum des fleurs, à écouter le vent dans les arbres, à contempler les longues prairies étendues sur le sol comme un immense tapis de velours vert. Il semble que l'on naît à tout cela; c'est une seconde naissance, mais avec la conscience de la vie et des sensations.

C'est du petit nombre des bonheurs dans la vie qui se formulent autrement que par un désir ou un regret; on ne saurait dire tout ce qu'on découvre de valeur dans un bien que l'on a perdu ou que l'on va perdre. Il n'y a de patrie que pour les exilés.

Roger s'aperçut que sa femme ne le cherchait pas, et même quelquefois évitait de se trouver avec lui ; il remarqua seulement alors ce qui avait toujours existé, que, même auprès de lui, elle songeait à tout autre chose. Il pensa que cette tout autre chose pouvait bien être quelqu'un ; il sentit quelque chose de poignant lui toucher le cœur; il fut jaloux, et il sortit moins, il épia sa femme, il parla devant elle, à propos de choses qui n'y avaient aucun rapport, « du mépris qui est le partage de la femme adultère; » il dit plusieurs fois que, si jamais il était trompé, sa vengeance serait terrible, etc., etc.

Marthe le regardait avec étonnement et le laissait dire.

Vilhem à MMM.

« Voici plusieurs jours, cher ange, que je ne puis prendre sur moi de vous écrire, parce que je suis involontairement préoccupé d'une pensée qui n'est pas vous ; cependant, comme c'est un chagrin, vous avez le droit de la connaître, et je croirais avoir un tort à votre égard en ne venant pas chercher auprès de vous du secours et des consolations. Le croiriez-vous ? je suis jaloux, et jaloux sans amour, et jaloux de ma femme. Depuis assez longtemps déjà, elle n'est plus la même, elle m'évite, je la gêne, elle n'a jamais rien à me dire, et, si je lui parle, elle m'écoute sans m'entendre, mes paroles ne sont qu'un vain son qui frappe ses oreilles sans arriver à son esprit. Je n'ai jamais compté pour beaucoup dans sa vie; aujourd'hui, je n'y suis plus pour rien.

» Certes, je devrais me féliciter de cette indifférence qui me permet si bien d'être tout à vous : eh bien, je suis inquiet, tourmenté. Pour vous autres femmes, la trahison d'un mari n'est rien quand vous ne l'aimez pas : elle peut blesser votre orgueil, vous faire craindre que son infidélité ne vienne du mépris de vos charmes ; mais cela ne dure que jusqu'au moment où un autre hommage vient vous rassurer sur ce point.

» Mais l'opinion attache du déshonneur *pour nous* aux fautes de notre femme : nous sommes comme cet enfant que l'on avait donné pour camarade à un jeune prince, et que l'on fustigeait quand le prince ne savait pas sa leçon. D'ailleurs, l'infidélité du mari est tout extérieure ; celle de la femme remplit la maison de trouble et de désordre.

» Mais je voudrais cependant vous parler de vous ; depuis quelques instants que je suis là à vous écrire, je trouve déjà moins d'importance au sujet qui m'occupait : ah ! pourquoi ne voulez-vous pas que je vous voie ? rien ne pourrait m'atteindre. Mon Dieu, que je pense à vous ! chaque fois que j'éprouve une émotion, soit à la vue de quelque beau spectacle de la nature, soit par quelque pensée qui m'élève l'âme, je vous cherche à côté de moi. »

MMM. à Vilhem.

« Que de peine vous vous donnez, cher ami, pour me dire et à la fois ne pas me dire que vous êtes jaloux de votre femme; que cet incident a réveillé un feu qui n'était qu'assoupi; en un mot, que vous êtes amoureux, et amoureux lamentable ! Croyez-vous que cela puisse me faire de la peine? Vrai, monsieur, vous avez bien peu d'intelligence de ne pas comprendre ce que je crois cependant vous avoir dit assez clairement.

» Je ne veux de vous que ce dont elle ne ferait aucun usage; soyez *son mari*, soyez son amant, je ne le trouverai pas mauvais; racontez-moi votre amour malheureux pour votre femme et je vous consolerai, je vous aiderai à triompher de ses résistances : je trahirai dans l'intérêt de votre triomphe les secrets du cœur des femmes.

» Vous l'aimez. Eh bien, pourquoi ne pas le dire franchement? pourquoi cacher *vos vertus?* L'amour conjugal est une des plus respectables choses du monde ; il y a une lâcheté grotesque à nier les vertus que l'on a et à se parer des vices que l'on n'a pas.

» Vous vous établissez en don Juan, et vous pouvez être le modèle des époux et des pères de famille ; laissez-vous donc être vertueux ; je serai quelques jours sans vous écrire, pour ne pas vous donner de distraction au milieu de ces excellents sentiments.

» Adieu. »

XIV

Roger relut cette lettre plusieurs fois pour s'expliquer le mouvement d'impatience qu'elle lui avait donné d'abord. L'inconnue dissimulait mal sa mauvaise humeur ; Roger voyait qu'à son insu elle l'aimait d'une manière beaucoup moins exceptionnelle qu'elle ne voulait le faire croire. Il s'irrita contre les femmes en général ; il se mit à nier l'amitié ; en quoi il ne nous paraît pas avoir tout à fait tort.

L'amitié entre deux personnes de sexe différent n'est rien, ou est de l'amour. Dans l'amitié ordinaire, un ami procure à son ami tous les bonheurs qu'il dépend de lui de lui procurer ; il lui cède sa stalle au théâtre, il lui prête son cheval, il joue aux échecs avec lui, etc., etc.

Mais, si vous avez une femme pour amie, qu'elle n'ait ni stalle à vous céder, ni cheval à vous prêter, et que vous ne soyez pas disposé à jouer aux échecs, il peut arriver que, dans une soirée, aux deux coins du feu, ainsi que les amis en passent de si excellentes, vous n'ayez plus d'histoires à lui raconter, et qu'elle ait disposé en votre faveur de toutes celles qu'une femme raconte ; alors ne pouvez-vous sentir un désir de passer vos mains dans les ondes de ces longs cheveux ? ne sentirez-vous pas une secrète attraction qui portera ces cheveux à vos lèvres, ou vos lèvres à ces cheveux ? n'aimerez-vous pas quelquefois à regarder ces doigts effilés, à tenir cette petite main douce dans votre main ? car l'amitié ne durcit pas les mains des femmes, et n'éteint pas ce feu qui se communique si rapidement, que la poitrine en sent une subite commotion, qu'il semble que les veines s'ouvrent et que le sang de l'un gonfle les veines de l'autre et remonte au cœur.

Si vous racontez à une femme, votre amie, les rêves de votre âme, cet amour vague, semblable à l'oiseau craintif qui, à l'heure où la première étoile scintille, voltige au-dessus des vieux tilleuls, hésitant et cherchant sur quelle branche s'abattre ; si vous lui dites : « La femme que j'aimerais aurait les yeux de ce bleu changeant, tantôt gris, tantôt vert, qui donne au regard tant d'expression ; » et, si en la regardant, vous trouvez dans son regard cette pénétrante expression dont vous parliez… qu'arrivera-t-il ?

Un ami fera tout au monde pour vous donner la femme que vous aimez.

Votre amie fera-t-elle moins pour vous si c'est elle-même que vous aimez ?

Si *votre ami* était une femme, il serait votre maîtresse.

XV

MMM. à Vilhem.

« Je voudrais bien que vous n'eussiez pas reçu ma lettre, mon ami ; elle n'a pas le sens commun.

ou plutôt elle a un sens par trop commun et trop vulgaire. Quand je me la rappelle, je suis sûre que vous m'avez crue piquée de votre confidence; non, mon ami, non ; j'en suis reconnaissante. Ne me privez jamais du droit de vous consoler; vos chagrins m'appartiennent, et c'est pour eux seulement que je ne veux pas de partage.

» Je vais donc vous rassurer, mon ami, à l'égard de votre femme. Vous m'en avez peu parlé, et peut-être eussiez-vous aussi bien fait de ne pas m'en parler du tout.

» Une femme sage reste sage, par cela seul qu'elle l'a été longtemps; je m'explique.

» Bien plus que la vôtre, notre vie est soumise à une foule de convenances et d'usages auxquels nous ne pouvons échapper. Nos habitudes sont tyranniques, et nous ne pouvons ni les changer ni les modifier sans qu'on s'en aperçoive, puisqu'elles sont liées à tous les détails de l'intérieur de la maison.

» Une femme ne peut se lever plus tôt ou plus tard que de coutume sans tout changer autour d'elle: elle ne peut tenir fermée une porte habituellement ouverte, ni sortir aux heures où elle ne sort pas d'ordinaire, sans qu'on le remarque et sans qu'on en tire des conséquences. Admettez qu'une femme ait triomphé de ses habitudes de vertu et de réserve, qu'elle ait oublié ses devoirs les plus sacrés, qu'elle ait passé par-dessus les craintes du danger et du mépris, elle sera arrêtée encore par une foule de petits inconvénients qui la gêneront à chaque instant. Une autre femme a sa vie toute disposée pour l'intrigue : on ne remarque ni une heure qu'elle passe renfermée, ni deux heures qu'elle passe dehors, parce qu'elle a toujours fait ainsi; mais celle qui a mené une vie calme et sédentaire, on lui demandera tout de suite la raison qui dérange ainsi ce qu'elle a accoutumé d'être et de faire.

» Le mal alors ne peut faire que des progrès extrêmement lents, et souvent le drame n'a pas de dénoûment; il y a aussi bien plus de femmes qu'on ne le suppose généralement, je ne dis pas qui soient *vertueuses*, parce que je mets un peu la vertu dans l'intention, mais qui ne soient pas infidèles. Adieu.

mon ami, il est plus facile qu'on ne croit à un mari de conserver sa femme, et il n'y en a pas un qui ne soit complice, au moins pour la moitié, du mal qui peut arriver. »

XVI

MMM. à Vilhem.

« Vous n'avez pas répondu à ma lettre; peut-être la cause la plus simple et la plus naturelle vous en a empêché, et je ne puis faire autrement que d'attribuer cette inexactitude aux plus tristes événements; j'espère, mon ami, que vous n'êtes ni malade ni malheureux.

» Écoutez-moi : l'éloignement où nous sommes l'un de l'autre, les obstacles qui nous séparent à jamais, me donnent le courage de vous faire un aveu.

» Je vous aime. Je vous aime de tout l'amour que peut contenir une âme. Vous comprenez qu'après cet aveu je ne vous verrai jamais; mais j'ai pensé que je faisais un cruel et inutile sacrifice de vous cacher ainsi ce qui se passe dans mon cœur ; j'ai pensé que, sûre comme je suis de ne jamais voir mon amour criminel, je pouvais sans terreur me laisser aller à la douceur de vous en parler ; que je n'avais pas le droit de vous cacher, de mes pensées, celle qui exerce sur ma vie le plus d'influence et de pouvoir.

» Je vous aime de tout un trésor d'amour que j'ai, depuis que j'existe, amassé et enfermé dans mon cœur ; je ne vis que par vous et pour vous.

» Maintenant, vous ne demanderez plus à me voir ; je veux garder à mon amour toute sa pureté et toute son innocence, et, pour cela, il faut que je ne vous voie jamais.

« Au nom du ciel, Vilhem, ne me parlez plus de votre femme : c'est votre funeste confidence qui m'a ainsi éclairée sur moi-même, et qui me force à vous avouer aujourd'hui ce qu'à moi-même je ne m'étais pas encore avoué. Vous ne sauriez croire les pensées mauvaises qui ont traversé mon cœur depuis quelques jours ; j'ai senti une joie cruelle des torts que votre femme avait peut-être envers vous ; j'ai été heureuse de penser qu'elle ne vous aimait pas, que j'étais seule à vous aimer; et, en même temps, je la plaignais de méconnaître un bonheur qui aurait si bien rempli ma vie, à moi; mais aussi, quand je vous voyais la regretter, quand je voyais votre amour se trahir par la jalousie, comme je la haïssais!

» Savez-vous, Vilhem, pourquoi je vous dis tout cela? C'est parce que ces pensées ne se glissaient dans mon cœur qu'à la faveur des ténèbres dont elles s'enveloppaient; je penserai tout haut avec vous, et mes mauvaises pensées avorteront en naissant, comme certaines herbes de marais se dessèchent au soleil. »

XVII

Vilhem à MMM.

« Tu m'aimes donc enfin, cher ange, tu m'aimes! et mon âme est remplie d'une joie que je n'ai jamais sentie, que je n'ai jamais soupçonnée. Que ce mot doit être doux, quand ta voix le prononce! Tu m'aimes, et moi aussi, je t'aime, moi aussi, je ne vis que par toi et pour toi. Mais quel est donc cet amour qui te laisse ainsi maîtresse de ta volonté et ne dépasse pas les limites que tu lui prescris ! Quoi ! c'est au moment où, par ce charmant aveu, tu me donnes de te voir, d'être auprès de toi, un désir qui me dévore, c'est à ce moment que tu prononces ce terrible arrêt : *Nous ne nous verrons jamais !*

» Comme tout m'est indifférent maintenant ! comme le monde entier conjuré contre moi me trouverait dédaigneux et invulnérable ! Tu m'aimes ! Ah ! comment as-tu si longtemps gardé dans ton cœur ce mot qui devait me rendre si heureux ?

» Je suis maintenant à l'abri de tout. Que m'importent cette femme et ses actions ? Je suis tout à toi ; elle n'aura plus même le pouvoir de m'impatienter, je t'appartiens ; je vis dans l'atmosphère dont m'entoure ton amour. Oh ! que je voudrais retrancher de ma vie toutes ces inutiles années, tous ces jours perdus, que j'ai passés sans t'aimer, sans être aimé de toi ! Mon Dieu ! que la vie me semble courte, pour renfermer tant de félicité !

» Cher ange, votre volonté seule peut m'empêcher de tout quitter pour voler auprès de vous, là où est mon âme. Ni préjugés, ni convenances, ni sentiments, ni devoirs, rien ne m'arrêterait. Votre amour est mon seul bien, ma seule ambition. Oh!. pourquoi me refusez-vous de vous voir, d'entendre une seule fois le son de votre voix? Et j'irai ensuite vous aimer au fond du désert le plus sauvage, j'emporterai du bonheur pour toute ma vie; vous ne savez pas quel supplice c'est de ne pouvoir jamais me représenter vos traits...

» Aimez-moi, ne m'abandonnez jamais. Je pouvais vivre sans vous, je m'ennuyais seulement, parce que mon cœur restait vide de toute la place qui vous appartenait; mais, maintenant, sans votre amour, je sens que je ne pourrais vivre; car votre amour est devenu ma vie tout entière. »

XVIII

Roger n'exagérait pas l'émotion à laquelle il était en proie; il ne pensait qu'à son inconnue, il ne pouvait plus voir personne sans une visible mauvaise humeur; il restait chez lui moins que jamais et ne trouvait nulle part de grève assez sauvage, de plage assez solitaire pour y cacher son bonheur, ses désirs et les souffrances que lui causait par moments la résolution de celle dont dépendait désormais son existence.

Les quinze jours que devait durer l'absence des habitants de la maison d'Ingouville étaient écoulés; il alla au Havre, plein d'une émotion dont l'œil le moins clairvoyant se fût aperçu.

— Je la verrai, se disait-il, je l'entendrai; mais je commanderai à mes transports; elle ne me connaîtra pas.

Arrivé au Havre, il avait oublié la lettre de recommandation : il fut anéanti. Que faire de cette longue journée? On ne pouvait repartir que le soir. Léandre eût traversé à la nage.

Il y avait, du temps de Léandre, des amants plus entreprenants qu'aujourd'hui; peut-être aussi n'y avait-il pas, à l'endroit que traversait Léandre, de courants semblables à ceux que l'on rencontre du Havre à Honfleur, et qui entraîneraient invinciblement un bâtiment qui aurait la maladresse de s'y laisser prendre.

Il acheta des fleurs et les fit porter à la maison d'Ingouville ; certes, il envoya avec ces fleurs la meilleure partie de son âme.

Le lendemain, il arriva avec sa lettre. Au moment de sonner, il lui semblait que le bruit de la sonnette allait être le signal de quelque grand bouleversement dans la nature; cependant ce bruit n'eut d'autre effet que d'attirer le même domestique qu'il avait déjà vu.

— M. Aimé Deslandes!

— Il est sorti.

Roger sentit un frisson mortel.

— Allons, pensa-t-il, ils ne sont pas revenus. Et madame?

— Madame est chez elle.

— Annoncez-moi.

— Donnez-vous la peine d'entrer.

Et l'on introduisit Roger dans la pièce dont il n'avait vu du dehors que les rideaux bleus. Il croyait entrer dans le ciel : un parfum était répandu dans la chambre, parfum vague que l'on ne pourrait désigner par aucun nom, parfum qui semble s'exhaler d'une belle bouche. C'était, comme il l'avait soupçonné, une chambre à coucher.

— Monsieur veut-il attendre un instant?

Et on le laissa seul.

Il s'approcha d'une glace et répara quelque désordre survenu à sa cravate et à ses cheveux. Puis il examina avec avidité tous les détails de cette chambre si sacrée pour lui. Les rideaux du lit étaient bleus comme ceux des fenêtres. Une écharpe avait été oubliée sur un meuble; il s'en saisit et la porta à ses lèvres. Mais on ne pourrait peindre avec quel ravissement il reconnut dans un vase du Japon le bouquet qu'il avait envoyé la veille. On l'avait parfaitement soigné; il baignait dans une eau pure et qui avait évidemment été renouvelée le matin. Il en prit une fleur et la cacha.

Tout était d'une grande élégance autour de lui, quoique beaucoup d'objets parussent d'une époque bien antérieure à l'âge que peut avouer une femme; il y avait auprès de la cheminée une causeuse sur laquelle on avait laissé une broderie commencée; il n'y avait que quelques instants qu'*elle* avait quitté cette place : il s'y assit. Il croyait rêver; il cherchait à se la représenter. Comment sera-t-elle vêtue? et son regard, et sa voix? Mais lui, Roger, comment cacher son émotion, comment ne pas lui dire : « C'est moi... c'est Vilhem? » Il lui semblait qu'elle devait le reconnaître, comme lui la reconnaîtrait dans une foule.

Une porte s'ouvrit, la portière en drap bleu qui la couvrait se dérangea, et une femme entra.

Sa robe était d'une de ces couleurs indéterminées que l'on a assez désignées en les appelant couleurs foncées; elle était longue et presque traînante.

XIX

— Ah! parbleu! monsieur, a le droit de dire ici le lecteur, vous abusez de la description et vous vous livrez ici à la plus ridicule et la plus déplacée que j'aie jamais eu le malheur de rencontrer.

— Hélas! monsieur, c'est que la femme qui était

dans cette robe était un vieillard de cinquante-cinq ans, avec un tour de cheveux en soie et du rouge végétal sur les joues.

Roger resta quelques instants étourdi. Tant que la porte ne fut pas refermée sur la personne qui entrait, il s'attendait à la voir suivie d'une autre. Puis il chercha sur ce vieux visage des traces de la beauté qu'il s'était figurée. Cependant il fallait parler : il demanda M. Deslandes.

— Il est absent.

— Alors, madame, je suis désespéré de vous avoir dérangée.

Il salua et se retira après avoir jeté encore un coup d'œil sur madame Deslandes.

Il sortit de la maison sans savoir où aller; il n'avait plus d'intérêt à rien, il n'avait aucune raison d'être dans un lieu plutôt que dans un autre; son illusion perdue, la vie lui paraissait devenue un chemin circulaire qui ne conduit à rien.

Il rentra chez lui le soir, en proie au plus profond découragement; il n'entendait pas ce qu'on lui disait ou répondait à peine ; ce n'était plus de la distraction, c'était de l'abattement; il avait l'air si malheureux, que sa femme en eut pitié et lui demanda s'il était malade; sur sa réponse négative, elle lui demanda s'il était affligé. Cette sollicitude, passant des maux du corps à ceux du cœur, était d'abord un devoir, ensuite un sentiment affectueux. Roger se reprocha tout ce qu'il avait ôté de sa vie à cette bonne créature pour cette vieille femme dont la mystification le rendait si malheureux.

Il resta plus longtemps que de coutume dans la chambre de sa femme, et, quand, lui donnant une bougie, elle lui dit : « Bonsoir, » il hésita un moment ; mais un refus l'eût tellement blessé, qu'il n'osa pas s'y exposer.

Le lendemain, il ne sortit pas; il s'occupa de quelques travaux dans le jardin ; il changea la disposition des meubles de la chambre; il s'enquit si sa robe de chambre était en bon état: en un mot, il était facile de voir que ses pensées ne l'entraînaient plus dehors.

Cependant, par moments, il prenait ce qu'il avait vu à Ingouville pour un rêve; sa mémoire lui retra-

5.

çait bien le vieux visage; mais il lui semblait voir en même temps derrière lui une autre figure, la figure de son inconnue, fraiche et souriante.

XX

MMM. à Vilhem.

« Qu'êtes-vous donc devenu, mon ami, que je ne reçois plus de vos lettres, de vos lettres qui me sont si précieuses et si chères? Êtes-vous malade ou m'avez-vous oubliée? Triste ou malheureux, vous auriez confié vos chagrins à mon cœur. Je ne puis croire que vous ne l'eussiez pas fait; c'est la seule infidélité que je ne vous pardonnerais pas. J'espère, du reste, que quelque chasse lointaine, quelque plaisir est ce qui vous a distrait de moi. Hier, j'ai relu quelque chose de vous: une phrase m'a frappée : « Une vie sans amour, c'est une prairie sans fleur, » c'est une fleur sans éclat et sans parfum. »

» **Cela** est bien vrai, mon ami, quand je me rappelle ce que c'était que mon existence avant de vous connaître; je ne comprends pas où je trouvais la force de supporter une vie si pesante et si désintéressée de tout. Je suis heureuse, cher Wilhem, je suis bien heureuse; votre amour me fait une si belle part dans la vie, que je me laisse aller à prendre en pitié tout ce qui m'entoure; cela me rend bonne et indulgente pour tout le monde; j'ai tant de bonheur à moi toute seule, que je crois en avoir dérobé une partie, et que je voudrais le cacher même à Dieu pour ne pas exciter l'envie.

» Que ne puis-je, mon ami, remplir votre existence comme vous remplissez la mienne! Que vous m'aimeriez, si vous étiez aussi heureux que moi! Certes, vous n'auriez pas été si longtemps sans m'écrire. Votre silence m'inquiète et trouble le bonheur calme que vous m'avez donné. Je n'ose m'entretenir moi-même ni vous entretenir de ce bonheur; ma fatuité pourrait irriter le sort et le faire m'infliger de tristes expiations. »

XXI

MMM. à Vilhem.

« Encore quatre jours écoulés sans une lettre de vous. Au nom du ciel, Vilhem, ne jouez pas ainsi avec le sentiment le plus vrai. Depuis quatre jours, je paye mon bonheur si fugitif par d'horribles inquiétudes et d'intolérables angoisses. Depuis quatre jours, je meurs de douleur et de regret. Hélas! je m'arrête dans mes reproches; qui sait quelles tristes circonstances peut-être nous séparent? Il est une idée qui me vient à chaque instant et qui me donne un frisson glacial, une idée que je n'ose admettre, que je repousse tout le jour, une idée qui me revient en rêve pendant mon sommeil... Oh! non, on ne meurt pas quand on est tant aimé:

« Et, d'ailleurs, quel accident imprévu aurait pu vous frapper? Vous êtes jeune, bien portant : non, c'est impossible. Mais alors vous m'avez donc oubliée?... Oh! moi, avant de vous oublier, de vous laisser sans nouvelles, je serais morte. Mais alors mon âme serait auprès de vous. »

XXII

Vilhem à MMM.

« Il n'y a donc pas de sympathie, et tout ce qu'on en dit n'est qu'une misérable invention des faiseurs de romans ! Vous ne m'avez donc pas reconnu ? Madame, je suis resté dix minutes dans la même chambre que vous, et, parce que je ne vous ai pas dit mon nom, vous n'avez pas su que c'était moi. »

XXIII

MMM. à Vilhem.

« Vous n'êtes donc pas mort ! Maintenant seulement, j'ose envisager cette épouvantable pensée, et elle m'effraye moins que je ne l'aurais cru, tant je sens bien que je serais morte de votre mort. Mes terreurs, mes nuits sans sommeil, n'ont donc servi qu'à me faire sentir plus profondément à quel point je vous aime. Mais que me dites-vous donc dans cette lettre dont je n'ai vu la froideur qu'après m'être réjouie en la recevant, en reconnaissant votre écriture? que me dites-vous? Je ne vous ai pas reconnu; vous avez passé dix minutes avec moi, etc.

» Que signifie cette folie? Il y a bien longtemps que je n'ai vu un visage étranger, et, si je vous avais vu, fussiez-vous au milieu d'une foule, j'aurais dit : « C'est lui. » Mais, de grâce, expliquez-moi vite ce mystère inconcevable.

» Seulement, je vous en prie, ne m'exposez plus à de semblables tortures; j'ai souffert au delà de toute expression. Promettez-moi bien, cher ami, de ne plus ainsi m'abandonner. Dites-moi les causes de votre oubli. Que de choses vous devez avoir à me raconter! Moi, pendant tout ce temps, je n'ai fait qu'attendre, me désespérer, relire vos livres et pleurer. »

XXIV

Vilhem à MMM.

« Parlons sérieusement, madame; je sais tout, il n'est plus temps de prolonger la plaisanterie. Je sais tout; c'est, je crois, vous en dire assez. »

XXV

MMM. à Vilhem.

« Vous savez tout. Alors vous savez que je vous aime, vous savez que je me brise la tête pour savoir ce qui s'est passé sans pouvoir rien deviner; vous savez que mon pauvre cœur est bien froissé et bien triste de vous voir aussi injuste et aussi ingrat.

» Je cherche. Voilà ce qui se passe en moi : je ne vous cache rien; je n'ai pas une pensée qui ne soit pour vous, ou plutôt qui ne soit vous ; si quelqu'un peut me trouver des torts, ce n'est pas vous, vous à qui j'ai donné toute ma vie; ce serait plutôt ceux auxquels, pour vous donner tout, je n'ai rien gardé de mes affections et de mes soins.

» Vous savez tout. Vous savez alors que vous me faites mourir de chagrin et d'impatience ; vous savez que mes yeux sont brûlés des larmes que vous me faites répandre. »

XXVI

Vilhem à MMM.

« C'est moi, madame, qui suis allé vous demander M. Deslandes, il y a une quinzaine de jours ; c'est moi qui n'ai pu vous parler qu'en balbutiant, et me suis hâté de sortir de votre présence (après que vous m'avez appris l'absence de votre mari); c'est moi qui n'avais pu résister plus longtemps au besoin de vous voir, et qui, sous un frivole prétexte, me suis présenté à vous sans me faire connaître.

» Voudriez-vous bien, madame, me dire quel était le but de la plaisanterie dont vous m'avez rendu victime, et la raison qui, pour l'exécution de cette plaisanterie, m'a valu votre préférence? »

XXVII

MMM. à Vilhem.

« Quel bonheur, cher Vilhem, et comme j'ai ri du sujet de votre grave ressentiment ! C'est bien fait, monsieur, et je suis enchantée de ce qui vous est arrivé : cela vous apprendra à mépriser mes ordres.

» Mon Dieu ! comme je vous appartiens, comme vous me faites passer en peu d'instants de la tristesse la plus amère à la joie la plus folle ! Mais il faut que je vous gronde sérieusement. Je ne veux pas vous voir ; ce n'est que l'impossibilité où nous sommes de nous rencontrer qui me donne le courage de vous aimer et de vous dire que je vous aime ; ne gâtez pas mon bonheur par de semblables craintes. Je ne vous avais pourtant pas trompé, monsieur ; je vous avais dit : « Je ne demeure pas » au Havre. » Mais c'est probablement en trompant que vous avez appris à être défiant. Vous avez cru que je vous abusais ; vous avez trouvé là une vieille femme, et vous avez cru que cette vieille femme, c'était moi, et vous vous êtes cru aimé d'une vieille femme.

» Non, monsieur, non, je ne vous avais pas trompé; je suis jeune et assez jolie; la femme que vous avez vue est une amie de ma mère, qui fait prendre vos lettres à la poste et me les fait parvenir sans se douter le moins du monde de ce qu'elles contiennent. Non, non, je ne vous aurais pas vu sans vous reconnaître, j'en suis sûre.

» Mais vous, vous avez cru que c'était moi ! à vos yeux j'ai été pendant quinze jours, et je suis encore, au moment où j'écris ceci, cette pauvre chère madame Deslandes, si longue, si sèche, avec ses joues couvertes de fard et ses faux cheveux. Comment réparerez-vous cela ?

» Sérieusement, cher Vilhem, ne cherchez plus à me voir; vous m'affligeriez et vous m'ôteriez toute ma sécurité. Mais quel jour étiez-vous si **près** de moi ?

» *P.-S.* Je vous envoie de mes cheveux, pour bien constater ma jeunesse et leur *véracité.* »

XXVIII

Roger fut un peu honteux de son quiproquo ; mais il fut bien heureux de ne pas avoir perdu, comme il se l'était figuré, cet amour sans lequel il ne savait plus que faire de chacun des jours qu'il avait à passer. MMM. lui demanda comment il avait pu suivre ainsi ses lettres jusque chez madame Deslandes ; il prétexta un voyage d'affaires au Havre, et ajouta à ce mensonge le récit vrai de sa rencontre au bureau de poste avec la domestique qui avait porté sa lettre.

L'ami Moreau arriva à Honfleur au moment où on l'attendait le moins : il venait passer quelques jours avec Roger, et, pour se distraire, *contempler la sauvage beauté des rives de l'Océan.*

La nuit qui suivit son arrivée fut employée par Roger et Moreau en confidences réciproques.

Ainsi qu'il est d'usage entre deux amis qui ne se cachent rien, Roger ne dit pas un mot de sa correspondance avec sa belle inconnue, et Moreau raconta ses bonnes fortunes avec des femmes qu'il n'avait jamais vues. Moreau était un lovelace qui avait une liste de victimes d'autant plus longue qu'elle se composait de toutes les femmes qu'il n'avait pas eues; du reste, il ne tarissait pas sur son enthousiasme pour la nature : il venait respirer et oublier quelque temps Paris, *cette ville de bruit, de boue et de fumée.*

Le lendemain, il ne se réveilla qu'à onze heures; il déjeuna, puis il fit une partie de billard avec Roger.

— A propos, dit-il, voici le collier que tu m'as demandé.

Et il sortit de sa poche un petit écrin. Roger lui fit signe de se taire, prit l'écrin et dit :

— Surtout n'en parle pas devant ma femme!

— Comment! je croyais que c'était pour elle.

— N'importe; n'en parle pas.

— Ah! je comprends, c'est une surprise que tu veux lui faire.

— Le collier n'est pas pour elle.

— Ah! Roger, les perles lui iraient à ravir.

Le second jour, il plut depuis le matin. Moreau.

qui avait apporté sa boîte de couleurs pour faire des *études*, comme il convient à un peintre qui voyage, dessina de face, de profil et de trois quarts la berline dans laquelle il était venu, et que l'on avait laissée dans la cour.

Le troisième jour, la pluie de la veille avait rendu les chemins impraticables; il joua au piquet avec Roger. Roger, qui ne jouait jamais aux cartes, s'endormit profondément.

Le quatrième jour, Marthe était indisposée; Moreau, qui n'avait pas voulu accompagner Roger à la chasse, dîna seul et passa la soirée à jouer aux cartes avec Bérénice.

Le cinquième jour, il se rappela qu'il avait des lettres à remettre au Havre; le sixième, Roger fit avec lui la traversée de Honfleur et revint seul chez lui.

XXIX

Vilhem à MMM.

« Je vous envoie, cher ange, un collier de perles qu'il vous faudra porter pour l'amour de moi. Je vous remercie bien du précieux trésor dont vous m'avez enrichi. N'avez-vous rien senti des baisers dont j'ai couvert vos cheveux? Il y a dans le papier dont vous vous servez pour m'écrire un parfum si doux, qu'il semble émané de vous. Ce parfum me permet d'être toujours avec vous. Au milieu de l'ennui que me donnent les gens que je suis obligé de voir, je porte votre dernière lettre, cachée dans ma main, à mes lèvres, et je m'enivre de ce parfum céleste. Il y a pour moi, attachée aux odeurs, aux couleurs, une foule d'idées mystérieuses qu'il me serait à peu près impossible de définir ou dont la définition me donnerait, aux yeux de bien des gens, tout l'air d'un rêveur à cervelle creuse ou remplie de fantastiques images. Je vous l'ai dit : je n'écris plus pour le public ; j'ai retrouvé dans un tiroir quelques vers assez mal rimés et quelques lignes de prose que comprendront seuls ceux que la nature a doués d'un profond sentiment des couleurs, ceux qui n'entendent pas seulement par les oreilles, mais aussi par le cœur et par l'imagination, ceux auxquels parlent les parfums et les couleurs dans un langage mystérieux et poétique.

» Je vous fais grâce des vers, vous subirez la prose.

» Les couleurs ont une telle influence sur l'esprit, qu'il suffit de regarder pendant quelque temps une couleur pour se laisser entraîner à un ordre d'idées tout différent de celui dans lequel on se trouvait auparavant.

» Les couleurs sont la musique des yeux : elles se combinent comme les notes. Il y a sept couleurs comme il y a sept notes de musique ; il y a des nuances comme il y a des demi-tons.

» La musique commence où la poésie finit. Il y a des pensées dont le commencement se parle et qui ne peuvent finir qu'en musique, sous peine de tomber dans le pathos ; certaines harmonies de couleurs produisent des sensations que la musique elle-même ne peut atteindre. Les vitraux des églises gothiques et les sons séraphiques de l'orgue produisent une impression entièrement analogue ; l'encens complète l'harmonie.

» La nature a des harmonies qui rendent froide la plus belle musique, parce que ses harmonies se composent de ce qui frappe tous les sens.

» En même temps que notre oreille est délicieusement caressée par le murmure du vent dans les feuilles et par le murmure du ruisseau sous les violettes en fleur, par le chant de l'oiseau sous les feuilles, par le bourdonnement de l'abeille autour des lis. notre œil est captivé par la couleur d'émeraude du feuillage, par les violettes couleur d'améthyste, par l'abeille, topaze ailée. Et aussi nous respirons le parfum du feuillage et celui des fleurs. Tous nos sens à la fois sont saisis, captivés, enivrés.

» Beethoven seul a presque rendu tout cela en musique dans sa *Symphonie pastorale*.

» On ne peut exprimer en paroles que les *sens* les plus vulgaires des couleurs ; car, ainsi que la musique, elles font entendre ce qui ne peut pas se dire. Voici quelques-unes des impressions que j'en reçois.

» *Le cramoisi.* — Richesse, splendeur, faste naturel.

» *Le violet.* — Richesse plus imposante et plus sévère, douleur noble et arrivée à l'état de mélancolie.

» *Rose.* — Fraîcheur, jeunesse, joie d'exister, insouciance.

» *Lilas.* — Plus de fraîcheur et cependant moins de jeunesse ; de toutes les couleurs la plus printanière ; mélancolie de l'amour heureux, pleurs sans amertume.

» *Bleu.* — Calme, bonheur, espoir fondé.

» *Bleu pâle.* — Pureté, vague, innocence, rêverie.

» *Écarlate.* — Éclat, arrogance.

» *Jaune.* — Richesse gaie, beauté riante, abondance.

» *Amaranthe.* — Laisser aller, élégance, ennui sans sottise.

» *Gris.* — Tristesse, paresse du cœur.

» *Vert.* — Pensées, vigueur, distinction naturelle.

» Il est facile de voir, d'après cela, combien ma vue est choquée par les discordances, mais aussi combien les splendides harmonies du soleil couchant la ravissent et la charment.

» Il y a pour moi une telle connexité entre les couleurs et les sons, que je traduirais chaque couleur par un instrument.

» *Le vert,* la harpe.

» *Le lilas,* la flûte.

» *L'écarlate,* la trompette.

» *Le rose,* le flageolet.

» *L'amaranthe,* le piano.

» Etc., etc.

» L'harmonie des sons et des couleurs n'est pas moins évidente avec les parfums.

» *L'écarlate,* la tubéreuse.

» *Le cramoisi,* l'héliotrope.

» Etc., etc. »

A tout cela, l'inconnue ne comprit pas un mot. Elle répondit que c'était fort joli.

XXX

MMM. à Vilhem.

« Je suis bien heureuse du beau collier que vous m'envoyez, mon ami; l'habitude où je suis de porter des robes *montantes* me permettra de le garder toujours sur moi sans qu'on s'en aperçoive. Maintenant que je vous ai remercié, il faut que je vous gronde.

» Le ciel m'avait donné une magnifique occasion de vous aimer à mon aise, sans dangers, sans scrupules; j'aurais dû profiter de cette occasion, me laisser passer pour vieille, vous appeler mon fils et ne vous montrer qu'une affection protectrice et maternelle. J'aurais évité le trouble étrange que m'a causé ce que vous avez la méchanceté de dire de ces baisers donnés, je ne sais pourquoi, à mes cheveux. Hélas! oui, je les ai sentis, et j'en suis encore toute triste et toute honteuse. Mon Dieu, pourquoi m'aimer de cette manière? Cela n'est bon qu'à oppresser le cœur et à m'agiter de mille soucis inquiétants. Voyez comme je suis folle et comme vous avez tort de me dire ces extravagances ! Hier au soir, à minuit, je pensais à vous : eh bien, je suis sûre que vous avez baisé mes cheveux ; j'en ai senti une impression ravissante et douloureuse à la fois, et tout cela a fini par des larmes ; car je vois mon amour aujourd'hui moins innocent que je ne l'avais cru d'abord. Oh ! mon ami, il ne faut jamais nous voir ; il faut me laisser croire que mon amour est une vertu.

» Je ne vous l'ai jamais dit ; mais vous le savez bien, vous avez bien deviné que je suis mariée. Vilhem ! Vilhem ! j'étais sans remords jusqu'au moment où vous avez reçu cette fatale boucle de cheveux. Je ne veux pas être coupable envers lui ; il est bon, il veut que je sois heureuse.

» Vous êtes donc venu au Havre. Vous avez vu cette mer que je vais contempler presque tous les jours ; vous avez dû éprouver les mêmes émotions que moi : ce jour-là, Vilhem, nous n'étions pas séparés. Hélas ! vous n'êtes que trop près de moi, puisque vous me bouleversez ainsi. Ne m'écrivez pas de semblables choses, je vous en prie: ne dérangez pas un bonheur dont je jouis si complétement.

» Pourquoi donc suis-je si triste aujourd'hui en vous écrivant, et pourquoi cette tristesse a-t-elle tant de charmes pour moi ? Souvent, quand je regarde la mer et le ciel, je suis des yeux et de l'âme un flocon de nuages qui va vers la Seine et Paris; je pense que ce nuage passera au-dessus de votre tête. Quand je suis bien seule, je confie des paroles au vent pour vous les porter quand il souffle vers vous; et, quand il vient de votre côté, il me semble qu'il y a dans son haleine quelque chose de votre voix. »

XXXI

Vilhem à MMM.

« Laisse-toi donc m'aimer, cher ange, et ne lutte pas ainsi avec le bonheur que le ciel nous envoie. N'as-tu pas assez donné à cet être vulgaire et inepte qui te possède sans te comprendre, qui n'a d'intelligence ni dans l'esprit ni dans le cœur, puisqu'il ne sait pas qu'il est le plus heureux des hommes, puisqu'il ne meurt pas de son bonheur ? Il te possède ! Mon Dieu, que je le hais quand cette pensée vient me gonfler le cœur ! Il a à lui tout le bonheur, toute la joie qui devait être ma part dans ce monde. Que de haine il y aurait dans mon cœur, si l'amour y laissait de la place ! Que dois-tu donc à ton tyran, à celui qui nous sépare ? Tu es à moi, à moi qui sais te comprendre et t'aimer, à moi qui souffre si cruellement de ton absence, à moi que le ciel a créé pour t'adorer. Que sont ces liens odieux imaginés par les hommes et dans lesquels nous gémissons l'un et l'autre, auprès de ce lien céleste dont Dieu nous a unis, en nous donnant deux âmes pareilles qui se cherchent de loin ?

» Je t'aime et je prendrai de toi, de toi qui m'appartiens, tout ce que j'en pourrai prendre. Tu te plains du trouble que t'a causé ma lettre. Ah ! si tu sentais ce feu dévorant qui circule dans mes veines, quand je baise tes cheveux ; si tu connaissais ce délire qui fait que je t'appelle dans mes nuits sans sommeil, et que je te tends les bras dans l'ombre ! Oh !

je t'en prie, augmente mon trésor, envoie-moi quelque chose qui ait fait partie de ton vêtement : un ruban, un gant. Ce collier caché sous ta robe, de combien de caresses je l'ai chargé ! »

XXXII

MMM. à Vilhem.

« Nous sommes deux insensés, moi surtout qui ai cru que cet amour serait une distraction dans ma vie : il est devenu ma vie tout entière ; mais, mon ami, ayez pitié de moi, vos lettres me font trop de mal.

» Une feuille périodique, qu'un hasard a fait tomber dans mes mains, car je n'en lis jamais, m'apprend qu'on va jouer au Havre une pièce de vous, représentée à Paris il y a quelques années. J'assisterai à la représentation : que mon cœur battra doucement de votre triomphe ! que je serai fière et heureuse ! Cher Vilhem, vous serez au théâtre, nous ne nous verrons pas, mais nous saurons que nous sommes dans la même enceinte : les applaudissements vous réchaufferont le cœur en pensant que je les entendrai, et, ce jour-là, vous aimerez la gloire. »

XXXIII

Roger sentit à cette nouvelle une profonde émotion. Tout ce qui depuis longtemps était mort en lui se réveilla ; il fut toute la nuit tourmenté de savoir quelle était la pièce choisie par les comédiens.

— Pourvu que ce soit ma meilleure ! pourvu que le public capricieux ne change pas d'avis sur ce qu'il a déjà applaudi !

La pièce que l'on devait représenter était celle qui avait obtenu le plus de succès. Mais, comme il se rappelait des vers faibles, d'autres détestables :

— Ah ! disait-il, si alors j'avais été aimé d'elle !

Par moments, il semblait à Roger que le jour de la représentation n'arriverait jamais ; d'autres fois, il aurait voulu pour tout au monde le retarder indéfiniment ; un jour, il voulait changer un rôle ; un autre jour, supprimer un acte. Il se promettait, du geste, de se tuer si la pièce n'était pas couverte d'applaudissements, et, quand, pour se rassurer, il se rappelait ceux qu'elle avait obtenus lorsqu'elle avait été représentée à Paris, il sondait les plus profonds replis de sa mémoire et de sa conscience pour énumérer tout ce qui avait pu contribuer au succès du drame, en dehors de son mérite intrinsèque : les amis qu'il avait dans la salle, les billets donnés, le jeu de tel acteur, la figure de telle actrice, la jambe de telle autre dont la jupe était fort courte.

Une fois, il se leva au milieu de la nuit, et attendit en se promenant dans sa chambre que le jour parût; alors il se transporta du Havre en toute hâte : il avait changé un demi-vers, qui ne faisait qu'une cheville dans la pièce, en un hémistiche plein de force et de pensée ; mais l'acteur lui fit observer que ce demi-vers insignifiant lui servait à *prendre un temps*, et qu'il ne s'en priverait qu'à la dernière extrémité.

Il ne parlait plus, il ne mangeait plus. Enfin, trois jours avant la représentation, il jugea prudent d'écrire à son inconnue la lettre que voici :

XXXIV

Vilhem à MMM.

« Qu'est-ce donc que les applaudissements de la foule, cher ange, et quel charme peuvent-ils avoir pour vous? Que prouvent-ils d'ailleurs? Comment se compose une foule, et, quand elle est réunie, comment forme-t-elle son jugement? Horace, un grand poëte, a dit : « Je hais le vulgaire profane, » et je le repousse loin de moi. » En effet, comment un poëte peut-il appeler à juger son langage céleste les plus terrestres et les plus prosaïques d'entre les humains?

» Dans un théâtre, il y a au moins trente bottiers et autant de tailleurs, quelques domestiques, trois cents marchands. Jamais il ne nous viendrait à l'esprit de lire à notre bottier ou à notre marchand de n'importe quoi un seul de nos vers, encore moins de lui demander son opinion, encore moins de la suivre en la moindre des choses.

» Eh bien, quand tous ces gens sont réunis, nous tombons à genoux devant eux, nous attendons avec une anxiété mortelle ce qu'ils vont décider de notre œuvre.

» Aussi, que de succès dus à des défauts, à la vulgarité des situations et du langage ! que de chutes qui n'ont pour cause que des beautés de premier ordre, que de nobles hardiesses, que des pensées que n'a pu suivre l'intelligence des auditeurs ! Et aussi que de gens vont au théâtre dans l'intention de trouver tout mauvais ! que de gens ne comptent pour leur esprit de la soirée que sur les fautes de l'auteur !

» Pourquoi, cher ange, ne vous êtes-vous pas contentée de lire mes livres ? Les livres sont une confidence, le théâtre est une révélation scandaleuse et impudique ; quand j'écrivis mes livres, je vous avais devinée : c'était à vous que je racontais mes joies et mes douleurs, et les mouvements les plus secrets de mon âme ; mais, quand on travaille pour le théâtre, on ne peut perdre de vue *le public*, on est préoccupé de son rire ou de ses applaudisse=

ments ; on se garderait bien de mettre son cœur à nu devant une foule : il y a des sentiments si délicats, si pleins de pudeur, qu'ils meurent de froid ou de honte sitôt qu'ils sortent du cœur autrement que pour entrer immédiatement dans un autre cœur ; c'est une illusion à laquelle on se laisse facilement entraîner en faisant un livre. Et vous-même, si dans ce drame quelque pensée sortie de mon cœur va au vôtre, ne souffrirez-vous pas de voir toute cette foule émue avec vous de ce qui vous aura émue ? Si nous étions raisonnables, nous n'irions ni l'un ni l'autre à cette représentation. »

XXXV

M.M.M. à Vilhem.

« Laissez-moi donc être fière de vous et de votre triomphe, cher Vilhem ; laissez-moi donc voir cette foule vous rendre hommage comme à son roi par l'intelligence et le génie ; laissez-moi entendre ce bruit enivrant des applaudissements qui doit avoir quelque chose de vrai puisqu'il serre le cœur d'une manière si douce et si douloureuse à la fois ; laissez-moi donc m'asseoir avec vous sur votre trône et mettre un instant ma tête blonde sous votre couronne de laurier. J'irai à la représentation, et je veux que vous y soyez. C'est la seule volonté que je vous aie imposée, moi qui aurais le droit d'avoir quelques caprices. »

XXXVI

Roger faisait le dégoûté des applaudissements qu'il n'était pas sûr d'obtenir ; certes, il n'imaginait pas de plus grand bonheur que d'entendre applaudir son nom devant celle qu'il aimait ; mais il n'osait envisager la pensée d'une défaite, et il reculait de toute sa puissance devant une pareille épreuve.

Le jour désigné pour la représentation arriva. L'affiche elle-même donna quelques inquiétudes à Roger ; son nom écrit en lettres trop grosses pouvait paraître l'indice d'un excès de vanité et indisposer le public; le prix des places était augmenté, cela devait naturellement rendre les spectateurs moins indulgents; il savait que la jeune première s'était fâchée la veille avec l'amoureux : il y avait tout lieu de craindre que cette mésintelligence ne mit dans leur jeu une déplorable froideur.

Dès le matin, il ne pouvait rester en place: l'impatience et la fièvre donnaient à ses mouvements quelque chose de bref et de saccadé. Il s'occupait de sa toilette; l'inconnue pouvait le deviner, quelqu'un de sa société pouvait reconnaitre et lui désigner l'auteur de la pièce.

Il fut longtemps à déterminer s'il mettrait une cravate blanche ou une cravate noire; puis, quand il se fut décidé pour la cravate noire, il se trouva que la plus belle n'était pas ourlée; il appela Bérénice pour faire réparer cette omission; mais Bérénice, occupée à repasser des manchettes à madame, reçut cette communication sans la moindre bienveillance. Il revint à l'idée de la cravate blanche.

Marthe se fit attendre pour le déjeuner; Roger en fut de très-mauvaise humeur : il lui semblait que tout allait mal ce jour-là. Il mangea peu et roula dans dans son esprit le parallèle entre la cravate blanche et la cravate noire, en appuyant avec une préférence marquée sur les avantages de la cravate noire, préférence qui avait son origine dans les obstacles que rencontrait l'adoption de la cravate, et la conviction qu'il s'était laissé acquérir que *tout allait mal* ce jour-là.

Il pensa que bien des gens ont la manie de juger de notre caractère, de nos vertus, de nos défauts, de nos qualités, d'après la manière dont nous nous habillons ou, d'après toute autre affaire de détail aussi insignifiante en elle-même, sans que ces savants philosophes s'avisent de songer que ce qu'ils prennent pour un choix, un goût ou une préférence, n'est souvent qu'une misère ; nous avons vu l'homme le plus coloriste du monde, un homme qui prétendait entendre grincer et hurler des couleurs rapprochées sans harmonie, se montrer dans tout Paris avec un pantalon noisette, un habit bleu à boutons de cuivre et un gilet vert. Hélas! il nous fut donné d'entrer dans la confidence de tout ce que cachait de misères ce bizarre accoutrement ; nous fûmes instruit du désir d'*écouler une partie* de drap noisette qu'avait saisie un tailleur qui faisait crédit ; nous apprîmes comment un habit bleu, fait pour une pratique qui ne l'avait pas trouvé à son goût, avait été jugé par le tailleur assez bien fait et assez élégant pour l'artiste, qui, traversant les rues ou entrant dans une maison avec une conscience peut-être exagérée du ridicule d'un semblable accoutrement, parlait plus bas que tout le monde et n'osait avoir une opinion à lui.

Marthe parla la première et dit :

— Il fait beau.

Roger fut effrayé de ce début : il y avait peut-être là une intention, qui allait prochainement éclater de demander à faire une promenade.

Il crut devoir répondre :

— Hum ! hum !

— Monsieur, répliqua Bérénice à cette opinion formulée assez clairement sur la certitude du temps, le vent souffle plein *est* ; le temps est sûr pour toute la journée.

— Bérénice, reprit Roger, avant de vous ériger ainsi en almanach, vous feriez mieux de faire rôtir mon pain.

Bérénice sortit. Roger s'étendit fort au long sur les divers défauts qui la distinguaient.

Marthe ramena là question du temps.

— La mer est calme et unie comme une glace, dit-elle.

— Il ne faut pas vous y fier, dit Roger; quoi qu'en dise Bérénice, le vent varie de l'*est* au *sud* et même au *sud-ouest*.

Et, en disant ces paroles, il se sentit pris d'une horrible crainte; il lui sembla voir fondre sur lui un orage plus terrible mille fois que n'en peut amener le vent du sud-ouest le plus continu et le plus violent.

Il y avait longtemps que Marthe n'était allée dans sa famille; il n'y voyait, il n'y avait rien à lui objecter, si elle en exprimait le désir : il n'y avait pas dans l'air de vent de quoi remuer les feuilles qui jonchaient les allées du jardin. Il prévint la dangereuse proposition.

— Tant mieux! dit-il; car votre sœur viendra probablement vous voir aujourd'hui, et elle aura beau temps pour la traversée du Havre.

Bérénice rentra avec une lettre qu'elle donna à sa maîtresse.

— Mais Roger, dit Marthe, où prenez-vous l'idée que ma sœur doit venir aujourd'hui? Loin de là, elle est indisposée et me prie d'aller la voir.

— Je le croyais, chère Marthe, et je le croyais si bien, que j'ai invité le voisin et sa femme à venir passer la soirée avec vous.

— Quelle bizarre sollicitude vous a donc saisi tout à coup pour l'emploi de mes soirées? et n'auriez-vous pas dû me consulter un peu sur les plaisirs dont vous voulez m'accabler?

— J'ai peut-être été un peu étourdi; mais on ne peut leur faire une impolitesse sans risquer de s'en faire d'irréconciliables ennemis. Il faudra les recevoir.

Marthe ne répondit pas à cette sorte d'injonction : non qu'elle s'y soumit, mais, au contraire, parce qu'elle avait besoin du plus profond recueillement pour aviser aux moyens de s'y dérober.

Roger n'insista pas non plus, parce qu'il méditait également le moyen de rendre vraie l'invitation qui n'existait que dans sa tête. Tous deux se séparèrent en état d'hostilité latente, et prêts à engager le combat.

Roger courut chez le voisin.

Il le trouva avec sa femme; cette femme était juste assez jeune pour donner encore un peu de jalousie à son vieux mari; elle avait, du reste, quatre ans auparavant, eu une intrigue assez scandaleuse avec un lieutenant de douane.

— Mon voisin, lui dit-il, je viens vous faire une invitation sans cérémonie, ainsi qu'on peut le faire à un homme indulgent et spirituel comme vous. Ma femme attendait sa sœur, qui est indisposée; elle m'avait chargé, il y a plusieurs jours, de vous *prier à prendre le thé* aujourd'hui avec elle, et je ne viens qu'aujourd'hui. Elle ne me pardonnerait pas d'avoir si mal fait sa commission: il faut donc que vous veniez ce soir, et que vous lui laissiez croire que je vous ai, d'après son intention, engagés, il y a plusieurs jours.

Comme Roger sortait, il se croisa avec Bérénice, qui venait de la part de sa maîtresse ; il se félicita de sa promptitude d'exécution, et rentra chez lui pour tâcher d'obtenir de Marthe elle-même qu'elle ourlât sa cravate noire.

Voici, du reste, quelle était la lettre que Marthe avait assez perfidement imaginé d'écrire à sa voisine :

« J'espère, ma voisine, que vous n'avez pas oublié que je vous attends ce soir ; je suis d'autant plus charmée de vous voir, que c'est un plaisir que vous ne me procurez pas souvent ; nous aurons quelques personnes et je compte sur votre figure et sur votre esprit pour leur rendre la soirée plus agréable ; le lieutenant de la douane doit nous chanter de nouvelles romances qu'il a reçues de Paris. »

A quoi la voisine répondit, comme Marthe s'y attendait bien :

« Je me promettais le plus grand plaisir de votre aimable invitation ; mais une de ces migraines que vous me connaissez vient de me prendre et me torture tellement que j'ai peine à ne pas crier. Vous avez mauvaise grâce à vous prendre à moi de la rareté de nos entrevues ; sitôt que ma mauvaise santé me le permettra, j'irai m'excuser et vous remercier. »

Marthe montra cette lettre à Roger comme il s'approchait d'elle, sa cravate à la main.

— Eh bien, dit-elle, la mauvaise humeur de ma voisine ne me laissera pas moins inconsolable ; car je ne crois pas aux migraines... des autres. J'irai voir ma sœur, parce que je suis sûre qu'elle est plus malade qu'elle ne le dit.

— Je prendrai la liberté d'être précisément d'un avis opposé au vôtre, chère Marthe ; je connais assez votre sœur pour la croire plus disposée à exagérer son mal qu'à l'atténuer. Vous seriez bien bonne..., continua-t-il en présentant sa cravate.

Marthe l'interrompit.

— Vous vous trompez bien sur ma sœur, dit-elle, ou plutôt vous avez bien envie de me contrarier ; c'est quand vous me voyez mortellement inquiète

7.

sur une personne que j'aime, que vous vous imaginez d'en dire du mal.

— Mais, chère Marthe, il n'est pas probable que le danger ait augmenté depuis dix minutes, et votre inquiétude ne me paraît avoir de cause que la contradiction ; peut-être même pourrais-je trouver la même raison à l'exaltation peu habituelle de votre amour pour votre sœur.

— Il est plus facile, reprit Marthe avec aigreur, de nier les bons sentiments que de les avoir.

— Rien ne porte à les nier, reprit Roger avec non moins d'aigreur, comme d'en voir faire inutilement parade ; je voudrais qu'on pût supprimer toutes les vertus, si c'est là le seul moyen d'en supprimer l'affectation.

— Pauvre sœur ! dit Marthe.

— Pauvre Roger ! dit Roger en lui-même.

— J'irai voir ma sœur, dit Marthe.

— C'est impossible, dit Roger ; je ne puis vous y accompagner, j'ai à Honfleur un rendez-vous d'affaires.

— Bérénice viendra avec moi.

— Non; je serais inquiet si vous faisiez sans moi la traversée, et il m'est impossible d'aller au Havre aujourd'hui.

A ce moment, Bérénice entra.

— Monsieur, dit-elle, le capitaine Bambine vous fait avertir que le départ est pour cinq heures.

— Et pourquoi le capitaine Bambine vous fait-il avertir de l'heure du départ? demanda Marthe.

— C'est, reprit Bérénice, que monsieur lui a dit, il y a deux heures, qu'il allait au Havre ce soir.

— Que me disiez-vous? dit Marthe. Il vous était impossible d'aller au Havre, et votre seule idée est d'y aller sans moi. Roger, Roger...

— Je vous ai dit que je n'allais pas au Havre parce que j'ai changé d'idée; je reste à Honfleur.

— Restez-vous à la maison? dit Marthe.

— Non; je vous ai dit que j'avais une affaire à Honfleur.

— Eh bien, je resterai ici.

— J'aime à vous voir raisonnable, chère Marthe.

— Dites obéissante.

— Vous devriez bien ourler ma cravate.

— Volontiers.

Et les deux époux avaient sur le visage un air de triomphe indescriptible : ils se trompaient tous les deux.

Roger s'habilla lentement. Marthe ourla la cravate, puis défit l'ourlet et le refit.

On entendit le tintement de la cloche du bateau : c'était le dernier signal, celui qui ne précède le départ que de quelques minutes.

Roger sentit la vie s'arrêter dans sa poitrine. Marthe le regardait; il affecta la plus entière indifférence.

Il fallait aller au Havre, dût-il traverser à la nage. Il y a chez les gens fortement organisés une sorte d'assurance pour les choses qui *doivent se faire :* les obstacles les leur font croire plus difficiles, mais jamais impossibles.

La cloche avait fini de tinter. Le bateau était parti. Roger demanda Bérénice. Bérénice était sortie pour exécuter un ordre de sa maîtresse.

Roger baisa sur le front sa femme, qu'il eût voulu étouffer, et il sortit d'un pas calme et lent, sachant qu'il allait au Havre, mais ignorant entièrement comment il s'y transporterait. Il se dirigea sans trop savoir pourquoi à la place où n'était plus le bateau. Mais qui sait? le capitaine était peut-être frappé d'apoplexie! une voie d'eau s'était faite et avait retardé le départ!

Tous ces espoirs ne tardèrent pas à s'évanouir : la place du bateau était vide.

Roger resta anéanti; il ne put sortir de sa torpeur qu'en se répétant :

— Il le faut; il faut aller au Havre; il le faut.

Il buta contre Bérénice.

Il eut un moment envie de la jeter à l'eau.

Tout à coup, il reconnut un marin, un fraudeur et contrebandier s'il en fût.

— Sauvé, se dit-il, sauvé; j'irai au Havre. Ohé! maître Guillaume!

— Qu'est-ce, monsieur?

— Veux-tu gagner un louis?

— Rien ne me va mieux, si ce n'est d'en gagner deux.

— Eh bien, tu vas me conduire au Havre.

— Pour ça, impossible; mon bateau est loué.

— Où vas-tu ?

— Au Havre.

— Eh bien ?

— Mais le bateau est loué, et la personne veut être seule.

— Combien te donne-t-elle ?

— Un louis.

— Je t'en donnerai deux.

— Elle m'en donne trois.

— Comment le sais-tu ?

— Elle est avec moi.

Et Roger vit, en effet, une autre personne dans l'ombre.

— Eh bien, quatre.

— Pas pour dix, j'ai promis.

— Maître Guillaume, c'est un service que je te demande.

— Impossible.

La deuxième personne s'éloigna.

Roger resta anéanti ; son dernier espoir venait de s'éteindre ; il ne se disait plus que tout bas :

aut.

Maître Guillaume vint à lui.

— Nous sommes seuls, je vous emmène.

— Ah ! maître Guillaume, tu auras les quatre louis.

— J'en aurai sept.

— Diable !

— Les quatre que vous m'offrez et les trois dont je suis convenu. On veut être seul, très-bien, c'est-à-dire ne pas être vu ; je vais vous mettre à fond de cale ; vous entrerez le premier et vous sortirez le dernier. Vous ne verrez personne.

— C'est ingénieux.

— Dépêchez-vous, on vient.

En effet, quelques pas se firent entendre.

Roger n'eut que le temps de se blottir dans un coin du bateau.

Deux personnes y entraient presque aussitôt que lui.

Maître Guillaume appela son second, on déploya les voiles et on partit.

Roger était soulagé d'un poids énorme ; il contemplait le ciel étoilé; il pensait à son inconnue.

A l'autre extrémité du bateau, les deux personnes qui étaient entrées après lui causaient à voix basse. L'une des deux dit à l'autre, à une secousse qu'une lame donna au bateau :

— Ah ! Bérénice, j'ai bien peur.

Quand on fut entré dans le bassin, Roger offrit la main à sa femme pour descendre ; Marthe fut d'abord consternée en le reconnaissant, mais la pensée que l'obscurité ne permettait pas de voir son trouble, contribua à la rassurer.

— Monsieur, dit-elle, vous ne vous attendiez pas à me rencontrer ici.

— Madame, reprit Roger, vous ne saviez pas m'avoir pour compagnon de voyage.

— Je vous demande bien pardon, monsieur, et c'est précisément pour vous suivre que je me suis mise en route.

— Je vous ferai le même aveu, madame ; je n'étais pas fâché de connaître le but et les motifs de cette expédition nocturne ; je ne suis pas dupe de ce prétexte.

— Ni moi ; vous allez me faire une querelle pour éviter celle que je serais en droit de vous faire. Quels projets me soupçonneriez-vous donc?

Roger ne répondit pas ; il offrit le bras à sa femme, et lui dit :

— Où vous conduirai-je?

— Mais où vous voudrez, je n'ai plus de but maintenant. Chez ma sœur, si cela vous convient.

— Très-volontiers.

On se mit en route ; Bérénice suivait à quelques pas derrière, et personne ne parlait.

Marthe n'était pas bien sûre que son mari se fût embarqué pour la suivre ; elle imaginait bien plutôt quelque infidélité dont l'idée lui était déjà venue plusieurs fois, mais sans la troubler beaucoup.

Pour Roger, il était assez contrarié de la gêne que la rencontre inopinée de sa femme venait apporter à ses projets ; mais ce qui le préoccupait le plus puissamment, c'était ce germe de jalousie mal étouffé qui venait de renaître, fécondé par les soupçons bien naturels que lui inspirait la bizarre conduite de sa femme. En vain il se disait que son affaire principale était, pour ce jour-là, d'aller au théâtre et d'y rencontrer son inconnue ; que les torts de sa femme devaient le livrer tout entier à cette MMM., si douce, si aimante, si dévouée : il ne pouvait secouer cette impression de colère et de joie amère, d'avoir à peu près découvert le crime.

On arriva chez la sœur de Marthe. Roger répondit de mauvaise grâce à l'excellente réception qu'on lui fit comme de coutume ; tout ce qui entourait Marthe, tout ce qui lui montrait de l'affection, lui semblait son complice ; il crut voir entre les deux sœurs des regards d'intelligence, regards qui ne voulaient, de la part de sa sœur, que demander la cause ou le prétexte de la mauvaise humeur de Roger.

Marthe fit signe qu'elle l'ignorait.

On s'assit : la sœur avait peine à soutenir la conversation ; Roger ne répondait qu'à moitié. La préoccupation des deux époux avait trouvé un nouveau motif lorsqu'ils s'étaient vus à la lumière : tous deux étaient parés : leur costume démentait la fable qu'ils avaient imaginée.

Roger avait gardé son chapeau à la main, et

cherchait une occasion de sortir; mais la sœur de Marthe, qui s'était résignée à parler seule, avait commencé une histoire, et il n'y avait pas moyen de sortir avant la fin sans se rendre coupable d'une impardonnable grossièreté. Il y a des gens qui ne mettent que des virgules dans leurs discours.

Marthe tira son mari d'embarras.

— Pardon, chère sœur, si je t'interromps; mais ne vois-tu pas que Roger brûle de nous quitter, et que son esprit est déjà bien loin d'ici? Si tu tiens à ton histoire, tu pourras la lui raconter tout entière un autre jour; je te déclare qu'il n'en a pas entendu un mot. Allez-vous-en, Roger, ajouta-t-elle; votre agitation fatigue à voir. Allez où vous êtes attendu.

— Nullement, répondit Roger; personne ne m'attend nulle part.

— Alors, si vous étiez un homme aimable, vous nous conduiriez au théâtre.

Roger fronce le sourcil.

— Quel caprice! on ne donne que des vieilleries.

— Non pas: on donne une pièce nouvelle, et toute la ville y sera.

— Êtes-vous folle, Marthe, de vouloir, en cette saison, conduire au théâtre votre sœur malade?

— Elle s'enveloppera chaudement.

Mais cette phrase : *Toute la ville y sera*, avait fait tressaillir Roger. Toute la ville! et elle aussi !

Toutes ses émotions de crainte et d'espoir se réveillèrent; ses soupçons jaloux s'effacèrent, ou ne se présentèrent plus que pour donner lieu à cette pensée : *elle* me consolera.

— Je sais bien, dit-il, que vous ne manquerez pas de bonnes raisons pour faire ce qui vous plaît, quoi qu'il arrive; mais j'ai, moi, de ne pas aller au théâtre, une raison à laquelle je ne crois pas de réplique possible. Ne prévoyant pas mon voyage au Havre, j'ai écrit à Moreau qu'une indisposition me retenait à Honfleur: vous voyez que je ne puis m'exposer à le rencontrer au théâtre.

Lorsque Roger avait prononcé : « Ne prévoyant pas mon voyage, » sa femme l'avait regardé et il s'était un peu troublé; elle ne s'en aperçut pas ou elle fit semblant de ne pas s'en apercevoir.

— Comme il vous plaira, dit-elle: mais alors

n'attristez pas notre soirée de votre figure ennuyée ; aussi bien M. Moreau pourrait fort bien venir voir ma sœur.

— Je dirai à mon tour : « Comme il vous plaira. »

Il baisa la main de sa belle-sœur, et affecta de ne pas se hâter de sortir ; il arrangea sa cravate devant une glace, mit lentement ses gants, brossa son chapeau avec sa manche et ouvrit la porte de l'air le plus indifférent ; mais, une fois la porte refermée, Marthe n'eut que le temps d'ouvrir la fenêtre, il était déjà dans la rue.

— Ah ! dit Marthe, il regagne le temps que nous lui avons fait perdre.

Au détour de la rue, Roger se jeta sur un homme ; cet homme était Léon Moreau.

— Je croyais que tu ne viendrais pas et que de sages réflexions te faisaient redouter, pour tes résolutions antipoétiques, les émotions et les applaudissements de ce soir.

— Il m'a fallu conduire ma femme chez sa sœur.

— Et pourquoi pas au théâtre ?

— Je veux qu'elle ignore toujours ce que je faisais avant de l'épouser.

— La différence des noms suffirait pour la laisser dans son ignorance : allons la chercher.

— Non, je veux être seul; je ne puis répondre d'un peu d'émotion.

Roger regarda Moreau : l'empressement de celui-ci coïncidait singulièrement avec ce qu'avait d'inexplicable la manière d'agir de Marthe; mais il rejeta bien vite ce soupçon. Moreau n'était resté que quelques instants à Honfleur, et tous deux avaient montré l'un pour l'autre la plus complète indifférence.

— Alors, dit Moreau, entrons au café.

— La pièce nouvelle va commencer.

— Non, la première vient à peine de finir. Nous ne resterons qu'un moment : j'ai une revanche à donner aux dominos, en cinquante points.

— C'est pour cela donc que tu es venu au bord de la mer ?

Ils entrèrent au café. La vie de café n'était nullement dans les mœurs de Roger; pour se faire une contenance, il prit un journal qu'il parcourut des yeux, sans que les mots présentassent le moindre sens à son esprit. Mais il aperçut l'annonce du spectacle, le titre de sa pièce !

— Comment ! tu ne bois pas ?

— Non.

— Pourquoi cela ?

— Je n'en avais pas envie ; mais j'aime mieux boire que de donner des raisons.

— Allons, partons.

Et l'on se dirigea vers le théâtre.

Toute la salle était envahie ; les deux amis errèrent dans les couloirs sans pouvoir se glisser nulle part ; enfin, comme on jouait l'ouverture, on les poussa dans une loge où il restait *une* place pour eux *deux*.

Roger ne respirait plus. Cette ouverture était mal exécutée ; le caractère n'en répondait pas au caractère de son ouvrage. La toile se leva. Il se fit un grand bruit de gens qui criaient : *Silence !* deux acteurs entrèrent ; mais il fut impossible d'entendre leurs premières paroles. Quand le tumulte fut apaisé, ils recommencèrent. On écouta silencieusement. L'actrice n'était pas jolie; Roger établit dans son esprit qu'une actrice n'a pas le droit ne pas être jolie.

Nous sommes un peu sur ce point de l'avis de Roger; on ne saurait être trop exigeant pour les artistes médiocres : ce sont les seuls qui ne se découragent pas, et ce serait une bonne œuvre pour eux et pour le public de les décourager. Dans les cinq francs qu'on donne pour voir une pièce, il y a au moins deux francs pour lesquels doit entrer en compte la beauté des actrices.

En outre, elle n'était pas bien habillée, sa toilette la faisait ressembler à une marchande endimanchée; elle n'avait pu saisir la nuance de distinction élégante que l'auteur avait donnée au personnage. Et l'acteur, comme il ignorait l'art de faire ressortir un mot spirituel! comme il était guindé, prétentieux, maniéré! comme il était intéressé bien moins à la pièce qu'au succès qu'aurait sa cravate! une cravate avec laquelle il n'avait pas encore joué.

Comme il tournait les yeux vers les avant-scènes avec cette préoccupation qui suit tout acteur de province jusqu'à l'hôpital, *d'une grande dame* qui, subitement éprise de sa bonne mine, l'invite à un souper exquis, à la suite duquel elle avoue l'irrésistible empire qu'elle lui a laissé prendre. Et alors l'or, les bijoux, les riches costumes pleuvent sur l'artiste fortuné; il ne vient plus au théâtre qu'en calèche; car la grande dame l'épouse, peut-être grâce aux *progrès de la civilisation.*

Que de fois cet espoir a reposé sur un gilet neuf! que de fois sur une nouvelle perruque!

Le premier acte finit au bruit de quelques applaudissements.

Moreau dit bas à Roger :

— Cela va bien.

Deux femmes placées sur le devant de la loge se retournent.

Marthe et sa sœur!

Marthe changea de couleur.

Roger se pencha vers elle et lui dit bas avec aigreur :

— Vous deviez rester chez votre sœur.

— Et vous, éviter le théâtre et votre ami.

Roger sortit brusquement de la loge; il parcourut

8

tout le théâtre sans réussir à trouver la moindre place, et il fut obligé de rentrer.

On commençait le second acte. Il se réfugia dans la pensée de l'inconnue; il examinait attentivement les femmes blondes, qui ne sont pas rares en Normandie.

Une fois un visage lui parut convenir parfaitement à la femme qu'il aimait : cette femme paraissait prendre un vif intérêt à la pièce, et, à un moment qu'il fut applaudi, elle sembla émue et porta son mouchoir à ses yeux.

Mais, peu de temps après, elle se retourna et parla à un homme placé derrière elle, en appuyant la main sur son genou.

— Ce n'est pas elle, dit Roger; elle a trop de délicatesse dans le cœur pour être venue ici avec son mari.

» Et cependant, moi, je suis bien avec ma femme.

» Peut-être aussi est-elle au-dessus de moi, ou du même côté, de façon que nous ne pouvons nous voir.

» N'importe, elle est ici, nous sommes réunis

dans un même lieu, dans une même pensée ; ces applaudissements ont dû retentir dans son cœur.

» Maudit acteur ! qui s'avise de bégayer un mot sur lequel je comptais.

Et, comme il se penchait en dehors pour mieux voir cette femme dont le visage l'avait frappé, Marthe se retourna et lui dit :

— Mais prenez donc garde, vous écrasez mon chapeau.

A ce moment, d'unanimes applaudissements remplirent la salle, et le second acte finit.

Pendant l'entr'acte, Roger se glissa dans la galerie d'en face, que quelques spectateurs avaient abandonnée, et se mit à examiner la partie de la salle qu'il n'avait pas encore vue.

Moreau le suivit, et, le voyant parcourir ainsi toutes les loges du regard, lui dit :

— Tu comptes tes admirateurs.

Quand on fut près de commencer le troisième acte, les spectateurs de la galerie reprirent leur place, et Roger fut encore obligé de retourner dans la loge de sa femme.

A peine à moitié du troisième acte, presque tout le monde pleurait; une fois l'impulsion donnée, elle ne s'arrête pas facilement; une salle de spectacle bien *en train* de rire ou de pleurer, rit ou pleure de tout avec un égal abandon et un égal enthousiasme. *Bonjour* et *Bonsoir* peuvent alors porter le rire ou les larmes jusqu'à la frénésie.

Marthe pleurait plus ou moins, comme tout le monde.

— Ah! pensait Roger, que ne puis-je voir les larmes précieuses de ma belle inconnue?

Puis, se penchant vers Marthe, il lui dit :

— Au nom du ciel, ne vous désolez pas ainsi; vous vous faites remarquer.

Marthe le regarda avec un profond dédain et ne répondit pas.

L'acte finit : c'était le dernier. On trépignait; à l'admiration pour l'auteur se joignait l'amour du tapage, seul parti politique et littéraire de bien des gens, amour qu'ils manifestent à peu près indifféremment par des bravos ou par des sifflets. On demanda le nom de l'auteur.

La voix qui vint prononcer le nom de *Vilhem* vibra puissamment dans le cœur de Roger.

Ces amis du tapage, qui, en politique, sont toujours pour les tambours, de même que le Dieu des armées se déclare le plus souvent pour les plus gros escadrons, ne trouvèrent rien de mieux que de *redemander* l'actrice qui avait fort médiocrement joué le premier rôle et l'acteur qui l'avait aussi médiocrement secondée.

Puis ils avisèrent qu'il y avait sur l'affiche :

« *N. B.* L'auteur a lui-même dirigé les répétitions. »

Ils en conclurent que l'auteur devait être présent, et, par des hurlements qui ne peuvent être agréables qu'à raison de l'intention qui les fait pousser, ils manifestèrent leur volonté de le voir.

La toile ne se relevant pas, le bruit redoubla ; au bout de cinq minutes, il redoubla encore.

Moreau impatienté, se mit sur le devant de la loge, et, montrant Roger, cria d'une voix forte :

— Le voilà !

Les applaudissements menacèrent alors de faire écrouler la salle.

Et Marthe s'écria en pleurant :

— Ah! Vilhem! c'est vous!

Et Roger reconnut au cou de Marthe, plus décolletée que de coutume, le collier de perles qu'il avait envoyé à l'inconnue.

HISTOIRE D'UN VOISIN

Je n'ai jamais bien compris l'inquiétude des voyageurs. Je n'ai jamais rien trouvé dans un pays, quelque lointain qu'il fût, dont on ne trouvât l'équivalent dans sa rue; beaucoup de gens sont allés en Amérique pour voir des arbres, et en Chine pour découvrir des hommes. La seule excuse des voyageurs d'aller si loin voir ce qu'ils verraient si bien de leur fenêtre, est que l'on ne pourrait mentir sur les choses qui sont sous les yeux de tout le monde. Le seul voyage sérieux et digne d'intérêt qui ait jamais été écrit est, sans contredit, le *Voyage autour de ma chambre*.

Il y a, dans une rue qui coupe la mienne à angle droit, un épicier en papier peint, dont les mœurs sont aussi intéressantes, aussi étonnantes, aussi sauvages surtout, que celles d'aucun peuple découvert ou inventé par les navigateurs.

Un lundi soir, il rencontra à l'Ermitage une jeune fille coiffée d'un bonnet coquet, fraîche, agaçante, mise proprement, réservée dans sa danse et dans ses paroles. En vain il épuisa tout l'arsenal de galanterie des danseurs du lieu; il remarqua qu'il faisait chaud, qu'il ferait bien plus froid si l'on était dans une autre saison; il lui dit :

— Votre robe est bleue; c'est une charmante couleur que le bleu... Comment vous appelez-vous?

— Julienne.

— C'est un bien joli nom.

Impossible de l'amener à une conversation plus intime.

Le lundi d'après, il arriva de bonne heure. Il trouva Julienne, qui se montra moins réservée.

Elle lui confia qu'elle était couturière et gagnait trente sous par jour.

— Mademoiselle Julienne, dit Prosper, je suis ouvrier en papier peint; je gagne trois francs dix sous. Mettons-nous ensemble: avec cinq francs par jour, nous serons à notre aise.

La proposition était vague. Sommé de s'expliquer, Prosper finit par prononcer le mot mariage. Il offrit du veau et de la salade.

Julienne accepta, et, au dessert, lui avoua, hélas! qu'elle avait failli une fois; qu'elle avait été trompée, trahie; en un mot, qu'elle avait... une fille!

Prosper s'attendrit; il voulait la consoler de la fourberie d'un monstre.

— Eh bien, dit-il, je servirai de père à votre fille.

Julienne pleura d'admiration et consentit à tout. On demanda de part et d'autre les papiers au pays.

Prosper alla trouver son maître.

— Bourgeois, j'ai un service à vous demander.

— Parle.

— C'est que je vais me marier.

— Eh bien?

— Nous faisons une noce en pique-nique. Cela ne sera pas bien cher, pour ma part. Mais une chose me chiffonne, c'est que je n'ai pas d'habit. vous seriez bien aimable de m'en prêter un.

Le bourgeois consent. La noce se fait à la barrière. On danse, on boit; un cousin conduit la mariée chez elle: le marié va sortir: on l'arrête: tout n'est pas payé. Quelqu'un, traître aux conditions du pique-nique, s'en est allé clandestinement. On ne veut pas laisser aller Prosper; il laisse en gage l'habit du bourgeois. Trois jours après, il va à l'ouvrage en manches de chemise. Le bourgeois réclame son habit. Il est forcé d'avancer à Prosper l'argent pour aller le retirer.

Au bout d'un mois, le ménage va au plus mal; il trouve déjà que sa femme ne gagne pas assez d'argent. La petite fille à laquelle il devait servir de père mange trop; il lui fait nettoyer ses souliers. Sa Julienne, dont le nom était si joli un mois auparavant, est ironiquement appelée madame Potage.

Un jour, il arrive à l'atelier et dit :

— Bourgeois, j'ai un service à vous demander.

— Qu'est-ce?

— Un grand service.

— Ce n'est pas de te prêter mon habit?

— Non, bourgeois.

— Eh bien, parle.

— L'ouvrage me fatigue la poitrine.

— Veux-tu bien te taire! le plus fort de tous mes ouvriers!

— C'est l'air qui me manque; je ne peux plus vivre comme ça.

— Est-ce que tu ne peux plus travailler?

— Non, bourgeois; mais je voudrais être chargé de traîner la petite voiture qui porte le papier en ville.

— Tu sais qu'on n'a, pour cela, que quarante sous.

— Je sais, bourgeois; mais on a moins de mal, et on est à l'air, et on peut fumer; ce qui est très-défendu dans l'atelier.

— Mais comment vivras-tu?

— Eh bien, madame Potage travaillera davantage donc!

— Tu auras la charrette.

Prosper vola un gros chien, l'attacha à la charrette et le fit traîner; mais on lui donna bientôt une voiture plus grande: il mit le chien dessous, et voulut l'accoutumer à tirer, pour n'avoir personnellement presque plus rien à faire.

Mais le chien, sur ce sujet, pensait absolument comme son nouveau maître. Il se couchait sous la charrette et refusait de marcher.

Un matin, cependant, je vis Prosper attelé à la charrette et le chien tirant de toutes ses forces. Je ne tardai pas à voir le secret de ce zèle. Prosper avait attaché derrière son dos un gros morceau de viande, et il s'était attelé, lui, Prosper, à une distance où le chien, tout en arrivant très-près de lui, ne pouvait cependant l'atteindre. La pauvre bête marchait, s'élançait, sautait, et ses dents claquaient à vide, et la charrette allait toute seule.

Toute le reste du jour, quand Prosper n'était pas attelé, il gardait au dos le morceau de viande.

Les trente sous de moins qu'il gagnait par jour auraient déjà gêné le ménage; mais Prosper avait chaud et rencontrait des amis qui avaient soif. Au bout de la semaine, il rapportait très-peu d'argent. Sa pauvre femme faisait de son mieux pour soutenir leur petit ordinaire; mais elle est bientôt forcée de supprimer le café du matin.

Prosper s'emporte, crie, hurle qu'il faisait un métier de cheval pour faire honneur à ses affaires, mais que cette enfant, cette enfant qui le déshonorait, mangeait comme un hippopotame et causerait inévitablement sa ruine. Il fallut mettre l'enfant en service, en apprentissage, je ne sais où.

Prosper, en rentrant un jour, ne trouva pas la soupe faite; il fit un bruit horrible et annonça à Julienne que, puisqu'elle ne savait pas gérer sa maison, il lui déclarait qu'ils étaient de ce jour séparés de corps et de biens, et qu'elle vivrait de son travail à elle, comme lui, Prosper, du sien.

Il prit de la craie, sépara la chambre en deux et lui dit :

— Voici votre chambre, voici la mienne; le loyer coûte soixante francs par an : vous payerez trente francs, et moi, je payerai les trente autres.

Un soir, il amena au domicile conjugal un commissionnaire; il dit à Julienne :

— Madame Potage, Jean que voici est mon ami de cœur; il partagera mon lit et me payera la moitié des trente francs de ma part de loyer.

Jean était un garçon rangé ; il consola Julienne, l'aida dans ses travaux d'intérieur.

Un soir, Prosper, qui n'était pas rentré depuis cinq jours, revint subitement et s'aperçut que Jean avait franchi à la fois la ligne de craie, la sainteté de l'amitié et les devoirs de l'hospitalité : il voulut battre Jean ; mais Jean le battit et le mit à la porte.

Le lendemain, au jour, il revint et dit :

— Madame Potage, puisque vous êtes descendue à un commissionnaire, gardez-le, ce sera votre punition.

» Toi, Jean, je te laisse ma femme aux conditions que voici :

» D'abord, la moitié du ménage m'appartient : je prends un matelas, une paillasse, une couverture, une chaise ; je prends les pincettes et laisse la pelle.

» Je pourrais emporter tout cela ; mais j'ai l'horreur du luxe. Ce n'est pas sous les lambris dorés qu'on trouve le bonheur.

» Je te vends ma part pour trente francs que tu vas me donner.

» Je garde seulement la paillasse, seul mobilier qui me soit réellement nécessaire en cette saison.

» Madame Potage t'appartient à tout jamais. Seulement, à perpétuité, aussi, tu me payeras un canon chaque fois que nous nous rencontrerons dans Paris.

Les conditions furent acceptées. Prosper vida la paillasse, la plia en huit, et la mit dans le fond de son chapeau ; puis il dit :

— Adieu, Jean ! Adieu, madame Potage ! soyez heureuse ; pour moi, je déménage.

Et il descendit l'escalier en sifflant, les mains dans les poches, et il s'en alla par les rues, le nez en l'air, interrogeant les écriteaux et cherchant un logement.

Depuis ce temps, les conditions peu morales du divorce et des secondes noces ont été de part et d'autres fidèlement exécutées.

Cependant Jean dit quelquefois que Prosper le rencontre trop souvent, qu'il l'attend à tous les coins de rue et lui fait, aux termes du traité, payer un nombre prodigieux de verres de vin.

Prosper dit que Jean semble l'éviter, et ne paraît jamais partager le plaisir que lui, Prosper, éprouve à rencontrer un ancien ami. Il se plaint d'avoir fait un ingrat.

Ici, Laurent-Jan, à qui je raconte l'histoire, m'interrompt, et me dit :

— Oh! ah! des ingrats! tout le monde prétend avoir fait des ingrats. Où sont donc les ingrats, alors? demandez à qui vous voudrez : « Monsieur, êtes-vous un ingrat? » on vous répondra : « Non, monsieur; j'en ai fait et je ne le suis pas. » Où sont donc les ingrats? Il faut que ce soient les mêmes que les bienfaiteurs.

VOYAGE DANS PARIS

Il y a un aspect auquel j'ai besoin de m'accoutumer de nouveau, chaque fois que je reviens à Paris : c'est l'aspect des maisons. Dans cette belle et riche campagne de Normandie, que j'habite pendant la plus grande partie de l'année, la plupart des maisons n'ont qu'un étage; on monte deux ou trois marches de pierre, et l'on est arrivé. Au-dessus des chambres est un grenier; le toit est un chaume couvert de mousse du côté du nord, et surmonté d'iris au feuillage aigu. La maison du maire, quelquefois, a un second étage et elle est couverte en tuiles, peut-être même en ardoises; mais il l'habite en entier avec sa famille. Si quelqu'un veut avoir une maison, il la bâtit plus loin; personne ne s'avise de bâtir sa maison sur la maison d'un autre.

Dans les villes, et surtout à Paris, les logis sont superposés, et les gens logés comme on serre des vêtements dans les différents tiroirs d'une commode. A cause de l'habitude, cela ne paraît pas singulier aux habitants des villes; mais, si je vous disais qu'en Bretagne, par exemple, il y a dans les campagnes des lits à deux étages, je suis sûr que vous trouveriez extraordinaire cet usage, qui n'est qu'un faible diminutif de la forme des maisons, à laquelle vous ne faites pas attention.

Chaque maison, à Paris, est une montagne qui est habitée depuis la vallée jusqu'à son sommet : vous y pouvez remarquer facilement les différences de mœurs qui ont de tout temps été signalées entre l'habitant des basses terres et l'habitant de la montagne.

En Écosse, dans les Alpes et dans les Pyrénées, l'habitant de la vallée se livre au commerce; il est intéressé, économe, un peu avare, un peu voleur, mais jamais il n'emploiera la force pour s'approprier le bien d'autrui : il vend à faux poids de faux café mêlé de fausse chicorée ; car on est arrivé à falsifier la falsification ! il mélange ses denrées de quelques substances vénéneuses, il est vrai, mais de peu de valeur, et qui prennent celle des denrées auxquelles on les mêle; et comme le poison lui-même est vendu à faux poids, ce n'est pas très-dangereux. Puis tout doucement il devient la justice sous le nom de juré, et le gouvernement sous le nom d'électeur.

Le montagnard, l'habitant du sommet de la maison, est pauvre, mais jeune, ardent, impétueux : il est franc et loyal, amoureux de la liberté, peintre, musicien ou poëte. Les femmes sont jeunes, jolies, gaies et insoucieuses comme les moineaux, qui seuls logent plus haut qu'elles. Ingénieux moineaux ! comme ils ont appris à connaître l'homme ! comme ils savent bien que les pauvres sont seuls généreux ! Ce n'est pas aux habitants de la plaine, aux boutiquiers d'en bas qu'ils iraient demander à dîner : ils craindraient d'être eux-mêmes le dîner ; tandis que l'hospitalité des montagnards est célèbre : les gens qui n'ont pas assez de pain sont les seuls qui partagent avec ceux qui n'en ont pas du tout. L'habitant de la montagne, outre sa jeunesse, sa santé, sa gaieté, possède encore un luxe : il a de l'air à discrétion. On sait que la ration d'un homme est de sept cent quatre-vingt-six litres d'air par heure. L'habitant de la plaine vit à moins; du reste, il n'y tient pas autrement : cela ne se vend pas.

Vous n'êtes pas sans avoir lu de longs récits de voyageurs dans les Alpes, dans les Pyrénées et ailleurs; comme ils sont fiers d'avoir gravi telle ou telle montagne, tel ou tel pic! comme ils vous en donnent juste la mesure par mètres, centimètres et millimètres! Pauvre gens! l'habitant d'une mansarde à Paris n'est pas si fier, et pourtant qu'êtes-vous auprès de lui? En supposant qu'il rentre chez lui trois fois par jour, pour déjeuner, pour dîner et pour dormir, au bout de cinquante ans il aura gravi trois millions deux cent soixante-douze mille pieds, il aura fait un peu moins de six cents lieues... dans son escalier!

Pour ne laisser aucune infériorité aux montagnards des maisons de Paris, on a voulu qu'ils ne courussent pas moins de dangers que les autres habitants des montagnes; on monte de la plaine à la cime par un chemin roide et tournant, qui donnait déjà des vertiges avant qu'on eût conçu l'idée ingénieuse de le rendre glissant... au moyen de la cire.

Il faut dire que l'usage absurde de cirer les escaliers et les appartements tient à une sotte et impuissante vanité, dont les exemples ne sont pas rares. Les premiers qui ont imaginé de cirer les appartements et les escaliers ont ensuite couvert les uns et les autres de tapis; les autres ont trouvé que cela avait l'air riche : ils ont ciré, frotté leurs chambres et leurs escaliers; mais ils se sont abstenus des tapis, qui coûtent fort cher. Cette ridicule habitude coûte par an la vie à trois ou quatre personnes à Paris, cause un nombre infini de fractures et de luxations, sans parler des chutes qui ne sont que douloureuses.

C'est le même sentiment qui a fait, depuis quelques années, adopter aux femmes des jupes déme-

9.

surément longues. Cette forme de vêtement a une sorte de grâce majestueuse qui l'a fait adopter par les femmes qui ont des voitures. Celles qui vont à pied ou, qui pis est, en omnibus, se sont empressées de l'adopter. Elles ramassent la boue des rues avec le bord de leur robe et en déposent une partie sur leurs bas.

C'est, en vérité, un charmant pays aujourd'hui que ce Paris, dans lequel j'entreprends un voyage. Depuis longtemps et partout, il y a des choses qui se vendent, même des choses qui perdent tout leur prix quand elles sont vendues. Mais les idées libérales ont singulièrement pris le dessus; on a renversé une foule d'abus qui ont longtemps régné sur la société. Autrefois, il y avait une aristocratie dans laquelle ne pouvaient entrer que quelques personnes privilégiées; il fallait, pour être du monde et du beau monde, il fallait que le hasard vous fit sortir d'une bonne famille et vous donnât un beau nom. A la rigueur, vous étiez encore un homme comme il faut, quoique déjà dans un rang inférieur, si vous aviez fait quelque belle action à la guerre, si vous étiez un grand poëte, un grand musicien ou un grand peintre. Ces odieux priviléges ont disparu, et c'est bien plus commode.

Je viens d'envoyer mon domestique m'acheter, pour deux francs cinquante centimes, une paire de gants d'une certaine nuance de jaune qui suffit pour me ranger parmi les gens de bonne société. Je sais qu'on a des gants à peu près pareils pour vingt-neuf sous; mais les gens délicats ne s'y laissent pas prendre. Avec des gants à vingt-neuf sous, on est ce qu'était autrefois la noblesse trop nouvelle, la noblesse dont les titres n'étaient pas bien établis. Une mercière peut faire maintenant tout ce que faisaient alors d'Hozier et les autres généalogistes. L'aristocratie admet beaucoup plus de monde depuis qu'elle se compose des gens qui possèdent cinquante sous; pour cinquante sous, on s'attire tout autant de considération, d'égards et même d'envie et de haine, qu'en pouvait exciter l'ancienne aristocratie.

Par le même progrès, on a bien aplani les chemins qui mènent aux honneurs, aux dignités et au pouvoir: autrefois, il fallait apprendre les lois, la politique, etc.; il fallait conquérir une grande réputation d'intégrité ou de capacité : cela excluait assez souvent les niais, les imbéciles, les sots, les ignorants, les fripons, en un mot une notable partie des habitants du pays: mais cet abus odieux avait duré trop longtemps; un pauvre diable qui naissait bête avec beaucoup de travail, d'audace, d'opiniâtreté, arrivait à devenir un sot, et voilà tout. Mais, aujourd'hui qu'il suffit, pour avoir part au gouvernement, de posséder un certain nombre de fenêtres, ceux qui n'en ont pas de naissance, et qui ont de l'intelligence, trouvent bien moyen d'en épouser quelques-unes, ou ils en gagnent, ou ils en volent : cela est à la portée de tout le monde.

J'ai mes gants... mes gants jaunes. Que me faut-il encore pour sortir? Une canne. Qu'est-ce qu'une canne? C'est un bâton. Ce doit être un bâton noueux, très-fort... sur lequel on peut s'appuyer lorsqu'on est fatigué, avec lequel on peut se défendre en cas de mauvaise rencontre? Nullement; la police ne s'est pas encore expliquée sur les bâtons; mais, en général, elle ne veut pas que les honnêtes gens soient armés : toute canne à dard, tout poignard, tout couteau, tout pistolet, expose celui qui le porte à payer une amende de quinze francs. Le bourgeois honnête qui ne veut pas avoir de démêlés avec la justice, se donne bien garde d'en porter. Le voleur, l'assassin, qui, dans l'exercice de son état, s'expose à l'échafaud, se soucie peu d'encourir quinze francs d'amende en sus de la mort. C'est fort commode pour MM. les voleurs et MM. les assassins.

Si, d'une part, la police ne veut pas que les bourgeois soient armés, d'autre part la mode veut qu'on porte de petites badines minces, légères, fragiles, qui se brisent si on les laisse tomber. La canne est un ornement, comme une épingle à la chemise.

Mais où est mon chapeau ? Après l'avoir bien cherché, je découvre qu'un homme qui est venu me voir ce matin s'est assis dessus, et y est resté environ cinq quarts d'heure. Je n'ai plus de chapeau. C'est dimanche aujourd'hui, les boutiques sont fermées. Je ne puis avoir de chapeau que demain. Je n'ai que ma casquette de voyage ; mais on ne peut sortir en casquette : il vaudrait mieux avoir commis les crimes les plus affreux que d'être rencontré avec une casquette. Si je sortais en casquette, je ne serais plus un monsieur, je serais *un homme*. Il suffit d'entendre une fois une petite bourgeoise, à laquelle on dit qu'il est venu quelqu'un, demander si c'est un homme ou un monsieur, pour ne s'exposer jamais à faire dire de soi qu'on est un homme.

Je ne sortirai pas ; je me mettrai en route demain.

Les boutiques.

Quand on a affaire aux hommes, il faut se défier de la logique et du sens commun : ces deux guides ne sont bons qu'à vous égarer. En effet, allez demander à un philosophe retiré dans quelque asile solitaire ce qui se doit vendre le plus et le mieux dans une ville comme Paris, et ce qui doit se vendre le meilleur marché ; le philosophe, préjugeant d'après la logique et le bon sens, vous répondra sans hésiter :

— Le pain, la viande, le vin, en un mot les choses indispensables.

Eh bien, le philosophe aura dit une lourde sottise.

En effet, grâce à la vanité des peuples et à l'intelligence des gouvernements, il est arrivé que les choses de première nécessité sont frappées d'impôts, de protections d'une telle façon, qu'une fraction de la ville prend le parti de s'en passer tout à fait, et qu'un nombre beaucoup plus grand n'en consomme qu'une partie de ce qui lui serait nécessaire. Mais, en retour, toutes les futilités inutiles, toutes les choses superflues sont à très-bon marché, et il s'en vend autant qu'on en peut faire; de sorte que, le luxe étant à si bon marché et le besoin à si haut prix, et, d'ailleurs, la vanité se payant moins de prétextes et de semblants que l'estomac, le superflu est devenu tout doucement le nécessaire, le nécessaire est traité comme s'il était le superflu; on s'en occupe... après... plus tard... quand on a le temps, s'il reste de l'argent.

D'abord on s'habille, on se pare, on se déguise en riche; ensuite on mange, on boit, on se chauffe avec le reste, quand il reste quelque chose.

Ces réflexions me sont suggérées par l'aspect des boutiques que je vois dans la rue. Du premier coup d'œil, je vois un boulanger, — deux marchands de nouveautés, — deux marchands de vins, — trois épiciers : le boulanger est auprès d'un des magasins de nouveautés. Le boulanger a sur sa porte une pancarte où on lit :

« Vu l'augmentation du prix de la farine, le prix du pain sera porté cette quinzaine à... la livre. »

Voilà quatre quinzaines qu'on change cette pancarte, et que, chaque fois, elle signale une augmentation.

Chez le marchand de bonnets, de fichus, etc., tout est rempli de pancartes contraires. Partout, vous voyez écrit en grosses lettres, avec des points d'exclamation :

« Immense rabais ! 75 pour 100 au-dessous du cours !!! — bon marché extraordinaire !!! — châles de cachemire à 35 francs !!! — manchons d'hermine à 7 francs !!! — manteaux de velours pour rien !!! — mantilles de dentelle pour moins que rien !!! »

Si bien que, si cet état de choses dure encore quelque temps, on sera obligé, vu le bon marché croissant des choses inutiles et la cherté sans cesse augmentant des choses nécessaires à la vie, de faire ce que, selon Tallemant des Réaux, faisait madame de Puisieux, laquelle mangeait avec ravissement de la dentelle hachée menu comme chair à pâté et assaisonnée de diverses sauces et condiments comme tout autre mets.

Certes, voilà quelque chose que le philosophe qui vit loin du monde ne devinera qu'en cherchant quelle est la plus grande folie à laquelle puisse se livrer un peuple entier.

Chacun en France, et surtout à Paris, veut paraître plus qu'il n'est; mais cette passion coûte cher : elle a besoin, pour se satisfaire, que chacun dépense un peu plus qu'il n'a. Cela ruine en totalité tout le monde et n'arrive pas au résultat si ardemment cherché. En effet, si celui qui a douze cents francs de revenu fait semblant d'en avoir trois mille, et, pour cela, rogne sur les besoins pour ajouter au luxe extérieur, celui qui a les trois mille francs, objet de son envie, veut à son tour faire croire qu'il en a six mille, but dont celui qui les a réellement s'éloigne avec autant d'ardeur que s'en rapproche celui qui ne les a pas; de sorte que les distances sont toujours les mêmes, et que, pour prix de tant de privations et de mensonges laborieux, tout le monde se trouve au même point relatif qu'auparavant, et que le seul résultat de cette triste comédie est une parfaite égalité de misère et de pauvreté, même pour les gens que la fortune avait voulu en affranchir.

Supposez, en effet, qu'un caporal passe sergent; si chaque sergent passe sergent-major, chaque sergent-major sous-lieutenant, etc. ; si, en même temps, chaque soldat se fait caporal, personne n'aura changé de situation.

Certes, il est bon et utile que les étoffes chaudes, mais grossières, soient à assez bon marché pour que même les gens les plus pauvres en puissent acheter; mais il n'y aurait aucun inconvénient à ce que l'hermine, le cachemire et la dentelle se payent dix fois plus cher qu'aujourd'hui, vingt fois plus cher, cent fois plus cher. Les femmes qui n'en pourraient acheter en seraient quittes pour être belles de leur taille, de leurs grâces, de leurs cheveux, de leurs yeux, de leurs dents, de leur modestie, pour être belles de leur beauté.

D'ailleurs, si c'était très-cher, on se résignerait sans chagrin à s'en passer. C'est une terrible chose que d'abaisser ainsi, comme on fait, la branche à laquelle est attaché le fruit défendu. Aucune femme, jusqu'ici, n'a exigé, je pense, une étoile pour mettre dans ses cheveux; mais descendez les étoiles jusqu'aux cimes des peupliers, et aucune ne pourra s'en passer.

Où serait le mal de reporter sur ces futilités les impôts qui pèsent si lourdement sur les objets de première nécessité, sur les choses indispensables à la vie?

Sous prétexte de protéger certaines industries, on protége en France certains industriels, et cette protection coûte beaucoup trop cher au pays. Heureusement même que cela coûte si cher, que le pays ne pourra plus payer, et que cette absurdité mourra de pléthore ou de faim.

D'autre part, pour donner à des prix si singulièrement abaissés les objets de luxe, il faut que le prix de fabrication en soit extrêmement peu payé aux ouvriers. De telle sorte qu'en même temps que l'ouvrier paye le pain plus cher, on lui diminue son salaire, et que ses besoins augmentent en même temps que ses ressources diminuent.

La ville de Paris vient de donner un bon et bel exemple: elle vient, au moyen d'une somme importante, d'assurer aux ouvriers et aux pauvres, pour toute la durée de l'hiver, le pain à un prix modéré.

Si j'étais roi de France, je demanderais aux Chambres une loi ainsi conçue :

« En aucun cas, le pain ne pourra jamais coûter plus de quatre sous la livre dans toute la France. »

Le budget s'arrangerait pour combler la différence dans les mauvaises années. Dans ces années-là aussi, le roi s'inscrirait le premier sur une liste de souscription, pour subvenir aux frais de cet acte de vraie philanthropie.

Une autre impression que donne l'aspect de ces boutiques de chiffons, c'est de voir de grands jeunes gens pleins de santé et de vigueur occupés à plier, à déplier et à replier des châles et à vendre des rubans.

Ce métier devrait être réservé aux femmes, qui n'ont presque aucun' moyen de gagner leur vie.

Ce n'est pas beaucoup de compter que trois mille hommes sont occupés dans Paris à ce métier usurpé, et remplissent les fonctions de filles de boutique.

Si l'on rendait ces grands gaillards à l'agriculture ou à l'armée, cela ferait trois mille filles ou veuves arrachées à la prostitution, au suicide.

Il me semble que cela vaudrait la peine qu'on s'en occupât.

Il est, du reste, une chose remarquable : c'est que, en même temps que l'éducation et les habitudes des hommes tendent à les efféminer, celles des femmes cherchent à leur donner l'aspect mâle et viril.

Nous sommes sur le point de voir éclater une grande révolution.

Les femmes ont joué pendant cinq mille ans le rôle de sexe faible et timide.

Les hommes ont fini par s'apercevoir de l'abus. Ils ont enfin remarqué que les femmes exagéraient leur timidité, comme, eux, ils exagèrent leur courage. En effet, les femmes ont à la fois plus de force physique et plus de courage que les hommes. Il n'y a pas un portefaix qui ferait ce que fait une jeune femme frêle pendant un hiver : si le portefaix passait toutes les nuits au bal, décolleté jusqu'au-dessous des épaules, s'il traversait en sueur des vestibules presque glacés pour aller jusqu'à sa voiture, le portefaix mourrait d'épuisement ou d'une pleurésie avant la fin de l'hiver.

Voilà pour la force. Pour ce qui est du courage, l'homme n'aime que les gens qu'il craint et qui lui font un peu de mal ; la femme ne craint que celui qu'elle aime, et elle brave le reste du monde avec une audace qui fait souvent frémir l'objet de tant de dévouement.

Donc, les hommes ont remarqué que, sous ce prétexte, les femmes, qui font semblant d'être faibles et timides, leur abandonnaient toutes les corvées humaines et tous les dangers de la vie, à eux qui font semblant d'être forts et braves;

Qu'ils avaient la guerre et, qui pis est, la garde nationale, le souci des affaires, le travail et toutes les responsabilités;

Que les femmes vivaient dans une douce ignorance et une charmante paresse; qu'elles n'avaient rien à faire qu'à être jolies; que tout ce qu'il y avait de beau au monde était consacré à les embellir; qu'elles dirigeaient tout, faisaient tout faire, et ne laissaient aux hommes, qui croyaient commander, que la responsabilité de leurs caprices à elles.

Les hommes se sont enfin décidés à ne pas être dupes plus longtemps.

Ils veulent devenir, à leur tour, le sexe faible et timide, et jouir de tous les avantages attachés à ce sexe et trop longtemps usurpés par les femmes.

Ils ont mis dans la tête de certaines femmes certaines idées d'indépendance qu'elles ont eu la folie d'accepter et de faire accepter aux autres.

Les femmes, souveraines absolues de tout, ont

voulu secouer le joug. Hélas! il n'y avait au monde d'autre joug que celui qu'elles avaient imposé aux hommes, et c'est celui-là qu'elles s'occupent de briser.

Les hommes commencent à en profiter. Les voici déjà qui ont de longs cheveux, qui se frisent et se pommadent et se parfument. Ils portent des mouchoirs brodés et des bouquets à leur boutonnière. Autrefois, ils portaient l'épée : ils l'ont d'abord remplacée par la canne; ils remplacent aujourd'hui la canne par une baguette fragile, dorée, ciselée, ornée de pierreries. Ils se parent de bagues, d'épingles précieuses et de tout ce que, autrefois, ils donnaient aux femmes; ils sont jaloux d'un camée ou d'un diamant qui brille au cou d'une belle femme, et ils enchérissent chez le joaillier le prix qu'elle en donne; puis ils le mettent avec joie et orgueil à leur cravate. Ils n'osent pas encore porter de colliers ni de boucles d'oreilles; mais, comme on dit, Paris n'a pas été bâti dans un jour.

Ils ont fait de nouvelles lois pour défendre le duel; ils ont décidé que désormais le bon citoyen, l'homme soumis aux lois de son pays, si on lui prend sa femme, ou si on lui donne un soufflet, n'ira plus pour cela exposer follement sa vie : il ira se plaindre au magistrat, qui condamnera le coupable à un ou deux mois de prison.

Les tyrans révoltés contre les opprimés ont imaginé adroitement de se peindre les moustaches avec de la pommade noire. Les femmes, voyant qu'ils leur salissaient la main en la baisant, se sont refusées à cet hommage de vasselage, et ont pris le parti de donner des poignées de main aux hommes, comme jadis ils s'en donnaient entre eux.

Les hommes ont borné leur éducation à faire semblant d'apprendre, pendant quelques années, les deux seules langues qui ne se parlent pas. Au sortir de leurs études, ils ne savent que parler; ils se sont emparés du droit à la loquacité, qu'ont trop longtemps gardé les femmes. Leur politique consiste à parler, leur bienfaisance à parler, leur science à parler; toutes les institutions modernes n'ont pour but que de parler, et pour résultat que d'avoir parlé.

Pendant ce temps, les femmes, qui sont tombées dans le piége qu'on leur tendait, ont réclamé l'égalité, sans regarder de combien il leur fallait descendre pour y arriver : elles font des études sérieuses ; il n'y a pas aujourd'hui un homme de quarante ans que ne pourrait embarrasser une jeune fille de dix-sept ans. Elles savent la géographie, l'histoire, les mathématiques, le droit.

Les hommes ont renoncé à nager, à cause de leurs cheveux frisés ; les femmes, aujourd'hui, nagent fort bien, montent à cheval, tirent l'épée et le pistolet, et elles font elles-mêmes les vers qu'on faisait autrefois pour elles. Quelques-unes ont, dit-on, essayé de fumer ; je ne l'ai pas vu ; mais ce n'était pas selon le but des hommes, qui se réservent le tabac et la parole, et ne se réservent que cela. Les hommes fument, comme autrefois les femmes parfilaient ou faisaient des nœuds. On abandonnera tout doucement aux femmes, la bureaucratie, la guerre, la marine, la garde nationale, les sciences, le pouvoir, etc.; et alors, devenus enfin le sexe faible et timide, et peut-être même le beau sexe, nous les dominerons à notre tour, et nous jouirons d'une puissance qu'elles ont trop longtemps exercée.

Je sais bien que quelques hommes, qui ne comprennent pas bien les choses, croient voir une tendance qu'ont aujourd'hui les femmes à s'emparer de toutes les corvées dont la réunion forme ce que nous avons longtemps appelé notre dignité; je sais qu'ils essayent de résister à l'invasion, qu'ils portent de grandes barbes et prennent des airs extrêmement terribles; mais cela ne trompe personne, et les femmes savent parfaitement à quoi s'en tenir.

Si, avant l'invention du tabac, l'on était venu dire à quelqu'un :

— J'ai une idée; je vais prendre un brevet pour qu'on ne me la vole pas. Voici une plante vénéneuse, qui exhale une mauvaise odeur; je vais la mettre en poudre, et je proposerai aux gens de se fourrer cette poudre dans le nez. En deux ou trois ans, cela leur ôtera l'odorat. Je vais la couper en menus brins, et je proposerai aux gens d'en aspirer la fumée; d'abord cela leur donnera des éblouissements, des vertiges, des tranchées; mais ils finiront par s'y habituer. Tout ce que je demande, c'est le privilége de vendre seul; et j'offre pour ce privilége de payer, chaque année, quatre-vingts millions à l'État.

On aurait pris l'homme pour un fou, et son idée pour la plus grande extravagance possible.

— Pourquoi, lui aurait-on dit, n'ouvrez-vous pas boutique pour y vendre des coups de bâton? Vous auriez, certes, pour le moins autant de débit.

Eh bien, le tabac rapporte à l'État plus de quatre-vingts millions.

Il faut dire que deux choses ont contribué à la prodigieuse consommation qui s'en fait aujourd'hui : la politique et la littérature. La littérature, qui est allée demander ses inspirations en Orient, où on fume toujours, et à l'Allemagne, où on fume davantage encore; la polique, qui, après les événements de 1830, a créé une garde nationale ardente, belliqueuse, qui a voulu manger du pain de munition et fumer comme les vieux grognards.

Quatre-vingts millions, c'est un gros revenu; mais c'est un revenu comme je voudrais voir tous les autres revenus de l'État. Je voudrais qu'on reportât sur des choses semblables les impôts qui font payer si cher au peuple le pain, la viande, le sel, etc.

Voici ce que rapportent en un an à l'Angleterre, des objets non indispensables, justement imposés :

	fr.	c.
Domestiques mâles portant livrée.	5,880,583	75
Gardes-chasses.	7,658	»
Carrosses à quatre roues.	4,172,056	»
Chevaux de carrosse.	7,274,453	10
Chevaux de course.	97,912	58
Poudre à poudrer.	156,538	95
Armoiries sur les voitures.	1,646,700	»
Impôts sur les chiens de luxe.	4,088,847	50

Etc., etc., etc.

Les bureaux de tabac sont réservés, en principe, aux anciens serviteurs de l'État, aux veuves de marins ou de soldats. En réalité, les députés, auxquels on en demande énormément, en promettent beaucoup et en enlèvent un assez grand nombre. Ceux-ci sont, pour sûr, donnés, à des gens qui n'en ont pas besoin; car les députés n'ont à promettre qu'à des électeurs, et tout électeur paye deux cents francs de contributions.

Les titulaires des bureaux les vendent souvent, ce qui est défendu, et les louent presque toujours, ce qui est toléré.

Les bureaux de tabac sont, autant que possible, dans de beaux quartiers, tenus par de jolies filles, qui n'y restent pas longtemps. Grâce à elles, les fumeurs les plus déterminés peuvent dire, comme Pyrrhus :

— Je suis

Brûlé de plus de feu que je n'en allumai!

Ces séduisantes marchandes ont toutes sortes de moyens d'augmenter la consommation. Tout leur art et toute leur finesse sont dirigés contre les fumeurs de cigares à quatre sous. D'abord, elles ont soin de ne laisser sur le comptoir qu'une boîte de cigares froissés, humides, etc.

Un consommateur remue les cigares pour en trouver un bon ; la maîtresse de la maison prend sous le comptoir une autre boîte de cigares ordinaires, mais qui, en comparaison des autres, paraissent choisis, tandis que ce sont les mauvais qui sont choisis ! C'est déjà très-flatteur pour le bourgeois, auquel elle semble dire :

— Pardon, ces cigares-là sont pour le vulgaire ; mais voici ceux que je réserve pour les gens comme il faut.

Et, généralement, le bourgeois en prend deux ou trois, au lieu d'un seul qu'il avait l'intention d'acheter.

Cependant, ceci ne fait que le mettre dans une classe privilégiée ; les marchandes de tabac ont imaginé de lui rendre un hommage tout personnel.

On a l'air de reconnaître le consommateur et l'on tire d'un tiroir un petit paquet rose, renfermant quatre cigares : c'est vingt sous. Vous n'en voulez qu'un ; mais il faudrait être terriblement butor pour ne pas accepter avec reconnaissance ces quatre cigares, qu'un joli visage a choisis pour vous. J'aurais dû dire une jolie main, ce serait plus correct, mais ce serait moins vrai : il y a dans les bureaux de tabac suffisamment de jolis visages; mais les belles mains y sont rares, comme partout, et même un peu plus que partout.

N'est-ce pas touchant de voir qu'une personne si agréable a pensé à vous dans votre absence, et qu'elle a choisi pour vous quatre cigares, quatre faveurs! qu'elle les a soigneusement mis dans du papier, et dans du papier rose!

Celles qui sont adroites attendent que l'objet d'une pareille préférence soit parti de la boutique pour l'offrir à un autre.

Ce ne sont pas les consommateurs seuls qui ont à se défier dans les bureaux de tabac. Les buralistes elles-mêmes sont victimes de vols nombreux. Tel dandy ne choisit si longtemps un cigare que pour en glisser deux ou trois dans les poches de son paletot. D'autres, plus habiles, ne mettent rien dans leurs poches : ils prennent un cigare de cinq sous et un de deux sous, et, en faisant leur choix, ils ont soin de mêler trois ou quatre cigares de cinq sous parmi les autres; un ami, entré derrière eux, prend ces trois ou quatre cigares et les paye naturellement deux sous.

Finissons ceci par une histoire. Un député voulait obtenir un bureau de tabac pour sa vieille servante.

— J'ai, dit-il, un bon moyen : je vais demander en même temps quelque chose d'énorme, qu'il faudra me refuser, et, pour adoucir le refus, on s'empressera de me donner le bureau de tabac; je vais demander un bureau et la pairie.

Le député a été attrapé : on l'a nommé pair de France.

Les boutiques étant des souricières dans lesquelles il faut faire entrer les passants, on comprend très-bien qu'on y tende les amorces les plus friandes pour la passion que chacune de ces boutiques tend à exploiter : le marchand de comestibles doit offrir aux yeux de plus beaux poissons que ses concurrents, ou des asperges de vingt-quatre heures en avance sur les autres, ou de ces énormes ananas, que sait seul fabriquer mon ami Pelvilaid, de Meudon : le marchand de nouveautés doit allumer les désirs de la coquetterie par un étalage de tissus et de couleurs. On y joint, depuis quelques années, l'annonce du bon marché. Ainsi, comme je vous le disais l'autre jour, telle femme qui passait autrefois devant ces boutiques en détournant la tête, parce qu'il lui manquait mille francs pour être élégante, s'y arrête aujourd'hui, et ne peut s'en arracher, parce qu'il ne lui faudrait que trente francs pour se déguiser en duchesse. Certes, elle n'a pas plus les trente francs que les mille, mais elle pourrait les avoir. Et que de pauvres âmes en péril autour de ces étalages séducteurs ! En effet, le soir, quand les jeunes ouvrières sortent de l'ouvrage, à la fin d'une journée dont le travail aura peine à payer le pain et le logement, elles font cercle devant les boutiques des marchands de nouveautés.

Là aussi, vous verrez des lovelaces au rabais, des serpents économiquement tentateurs, qui fuiraient les Èves arrêtées aux vitres d'un joaillier ou d'un lapidaire, mais qui se rapprochent de celles dont les désirs se concentrent sur des fruits défendus par quinze francs, et qui sont prêts à cueillir pour elles des manchons d'hermine ou des châles de cachemire, dont l'étiquette est si rassurante.

Et vous entendez murmurer aux oreilles :

— Voici un joli châle, je serais bien heureux de vous l'offrir.

De cette façon, il arrive aux marchands de nouveautés ce qui nous arrive souvent, à nous autres pêcheurs des côtes de Normandie : nous jetons une ligne amorcée, un merlan mange notre amorce et se prend à l'hameçon; un congre survient, qui gobe le merlan et se prend à son tour. Le châle amorce la jeune fille, la jeune fille amorce l'acheteur; l'étalage des marchands de nouveautés est logique, et son piége est bien tendu en vue des deux passions qu'il exploite.

Mais à quoi sert aux changeurs d'étaler aux yeux tant de billets de banque de tous les pays, tant de louis, tant de napoléons, tant de ducats et de quadruples, tant d'or dans de grossières sébiles de bois ? contraste qui augmente encore l'air de la profusion, comme quand on dit de quelqu'un qu'il remue l'or à la pelle. Il semble que, dans ces boutiques, on a trop d'or, qu'on n'en sait que faire, qu'on n'en prend aucun soin, qu'on en met dans des écuelles.

Les changeurs pensent-ils qu'on achète des billets de banque, parce que la vignette est jolie et bien gravée? supposent-ils qu'un passant s'arrête et s'écrie :

— Ah! le charmant billet de banque rose de la banque de Rouen! je vais l'acheter bien vite.

Ou encore, à l'aspect des louis :

— Ah! comme le roi Louis-Philippe est donc ressemblant sur cette pièce à gauche! Combien ce portrait de roi? Ceux des autres changeurs n'ont pas autant de physionomie.

Il me paraît évident que ce n'est pas pour cela qu'on entre chez les changeurs; d'ailleurs, tous leurs portraits du roi sont semblables, tous leurs billets, toutes leurs pièces sont pareilles ; n'avez aucune autre raison d'entrer chez angeur que sa proximité, quand vous avez b e changer des billets contre de l'argent, ou de l'argent contre de l'or.

Cet étalage ne peut donc avoir qu'un résultat : ce n'est pas une amorce pour les chalands, c'en est une pour les voleurs. Bien pis, ce métal, qu'on a appelé vil parce qu'il rend vils ceux qui le désirent, ce métal exerce une telle fascination, qu'il change en voleurs des gens qui n'étaient que pauvres.

En effet, cette amorce a une puissance toute particulière. Chez un autre marchand, on ne peut voler qu'un châle, chez celui-ci un pain ; mais, chez le changeur, en introduisant par une de ces vitres votre main ouverte et en la retirant fermée, vous vous appropriez à la fois tout ce qu'il y a dans les autres boutiques ; vous faites vôtres toutes les choses qui se vendent, même celles qui n'ont pas de valeur quand elles sont achetées.

Une poignée de cet or, et, vous qui étiez pauvre, méprisé, seul, vous êtes entouré, aimé, envié ; vous avez tout à vous, et vous pouvez tout donner à ceux que vous aimez.

Il n'y aurait aucun inconvénient à ce que l'autorité défendît aux changeurs ces exhibitions inutiles pour eux et dangereuses pour d'autres ; les pauvres sont déjà assez pauvres, et le diable leur tend bien assez de piéges.

Si l'on a peine à comprendre pourquoi les changeurs font un semblable étalage sans qu'il en puisse résulter pour eux un seul avantage, on comprendra plus difficilement encore que d'autres marchands ornent leurs boutiques d'objets qui ne peuvent que dégoûter les passants précisément de ce que lesdits marchands ont à leur vendre.

Je veux parler des petites morgues illustrées, dont on permet aux marchands bouchers de faire la hideuse exhibition.

Sur des linceuls tachés de sang sont appendus des cadavres mutilés, non pas seulement dans la boutique, mais aussi en dehors, de telle façon que, si vous ne vous détournez pas à temps, vous teignez votre habit de ce sang qui tombe goutte à goutte.

Ce n'était pas assez, on a embelli et enjolivé le spectacle.

Quelque esprit élégant a pensé que c'était en soi-même quelque chose d'assez triste qu'un cadavre, que cela avait besoin d'être orné et égayé de quelques agréments.

Alors on a imaginé de peindre avec du sang des ornements, des sujets et des figures sur les cadavres dépouillés ! rien n'est plus varié que cette peinture au sang.

Vous voyez des cœurs percés de flèches, des autels à l'Amour et à l'Amitié, l'empereur Napoléon, une main derrière le dos et tenant sa lorgnette de l'autre main.

Quelques artistes plus gais ont peint, toujours avec du sang, et toujours sur des cadavres, les plus bouffonnes caricatures de Daumier ; Robert Macaire et son ami Bertrand y figurent dans toutes les phases de leur aventureuse existence.

On a ajouté à tout cela des festons de boyaux et des girandoles de graisse !

De ceci il ne peut résulter aucun avantage pour les bouchers eux-mêmes. Il est des gens, au contraire, auxquels une semblable exposition donne pour plusieurs jours l'horreur de la viande. Il n'y aurait donc pour personne aucun inconvénient à tenir ces cadavres éloignés des regards, de façon à ce qu'ils ne fussent vus que de ceux qui entreraient dans les boutiques; pour ma part, je n'aime pas à voir le sang si gai.

L'homme est le plus féroce des animaux carnassiers. Le tigre, le chacal, le loup, l'hyène, tuent et dévorent les autres animaux, et l'homme lui-même, seulement à mesure qu'ils ont faim. Ils ne pensent pas d'avance à bien nourrir et à bien engraisser leur future proie; ils n'ont pas inventé de faire cuire certains animaux tout vivants, pour les rendre meilleurs au goût, de clouer les pattes des canards et de les gaver de certaines nourritures pour leur donner une maladie qui grossit démesurément leur foie, en fait un mets délicieux, etc., etc.

Les autres animaux carnassiers ne choisissent pas avec le même soin délicat telle ou telle partie de tel ou tel cadavre, la cuisse de celui-ci, l'aile de celui-là. Est-il rien de féroce comme de voir une femme qui donne à dîner, une femme jeune, belle, au regard doux et tendre, qui dit à ses convives :

— Je vous envoie l'aile de ce poulet; il est très-tendre, on l'a tué hier au soir; mangez de ces côtelettes d'agneaux, elles sont saignantes.

J'aime beaucoup que l'on écarte par tous les moyens le souvenir que tout ce que nous mangeons a été vivant, la pensée que nous dévorons des cadavres.

Quelques esprits délicats ont imaginé de changer le nom des animaux devenus aliments. Sur la table, le bœuf s'appelle bouilli; la poule, volaille; d'autres animaux, gibier : mais cela n'a pas été compris, et il n'est pas de bel air de dire bouilli.

Quelques esprits grossiers ont, au contraire, inventé de laisser à la perdrix sa tête emplumée, au lièvre ses pattes couvertes de poil.

Depuis assez longtemps que le monde existe, c'est-à-dire depuis que quelques-uns pensent et que tous parlent, on en est presque arrivé à se passer des premiers. On sait à présent des phrases toutes faites pour tous les cas possibles. Une phrase amène une réponse connue, qu'aurait pu faire tout aussi bien celui qui fait la question, si elle lui avait été faite.

On ne fait pas assez attention que presque toutes

les conversations ressemblent à celles qu'on apprend dans les grammaires anglaises, et que nous trouvons ridicules. Exemple. Si l'on vous dit : « Comment vous portez-vous ? » vous répondez : « Bien ; et vous ? » Si c'est vous qui dites : « Comment vous portez-vous ? » on vous répond : « Bien ; et vous ? » Cependant les conversations des grammaires roulant sur des choses insignifiantes, n'étant qu'un échange de formules, il n'y a pas d'inconvénients à ce qu'on dise toujours la même chose ; tandis que la conversation du monde comporte des semblants de jugements et de pensées qu'il est fort singulier de trouver dans la mémoire.

Sur presque tous les sujets, il y a un certain nombre de phrases toutes faites, que l'on sait d'avance.

Jamais on n'a mangé une gibelotte à la campagne sans qu'il se trouve quelqu'un qui fasse la plaisanterie peu neuve de demander si ce n'est pas une gibelotte de chat.

Il m'est quelquefois arrivé de chercher d'avance, d'après la physionomie des gens, qui est-ce qui prononcerait la formule consacrée ; cela fait partie de l'assaisonnement, et est plus nécessaire à la gibelotte que le lapin lui-même.

Voici la plaisanterie faite, et faite par moi, elle est indispensable.

Je me suis trouvé quelquefois embarrassé en ne voyant parmi les convives que des figures respectables, de vénérables cheveux blancs et des physionomies intelligentes. Eh bien, quelqu'un se dévouait.

Une seule fois, comme la formule sacramentelle se faisait attendre, comme la plaisanterie sur le chat n'arrivait pas, je fis comme il est d'usage au théâtre, quand un rôle ne peut être rempli à cause de l'absence ou de l'indisposition subite d'un acteur : quelqu'un lit le rôle.

Je me résignai à faire la facétie du chat avec une assez grande tristesse. Tout le monde rit beaucoup, et un magistrat me dit :

— Ah ! monsieur, vous me l'avez volée, j'allais la dire.

Quand on vient à parler de magnétisme, on vous fait inévitablement la question que voici :

— Y croyez-vous ?

Si vous êtes esprit fort, vous répondez :

— Ah ! pour qui me prenez-vous ?

Si, au contraire, vous avez pris dans le monde le rôle d'un poëte rêveur et intime, vous affirmez que vous avez une confiance aveugle dans le magnétisme.

Il ne manque à la question, comme aux deux réponses, qu'une seule chose, un détail. C'est que le questionneur et ceux qui lui répondent sachent de quoi il est question.

Quand la Fontaine allait demandant à tout le monde : « Comment trouvez-vous Barruch ? » on lui répondait généralement : « Qu'est-ce que Barruch ? » au lieu de dire : « Je le trouve sublime. » ou : « Je le trouve ennuyeux. »

Croyez-vous au magnétisme ?

Qu'entendez-vous par le magnétisme ? Est-ce un fluide invisible, mystérieux, qui fait que la première fois qu'on voit une personne, on se sent repoussé ou attiré par elle, qui fait que nous reconnaissons nos amis que nous n'avons jamais vus, comme le chien reconnaît les voleurs qu'il rencontre pour la première fois?

Un homme qui a beaucoup aimé les femmes me disait un jour :

— Chaque homme a son harem dispersé dans le monde : il en reconnaît chaque femme à quelque instinct impossible à expliquer; mais il les reconnaît aussi sûrement que le berger reconnaît, dans dix troupeaux confondus, ses moutons marqués d'une raie rouge ou bleue... En entrant dans un salon, ajoutait cet homme, je vois du premier coup d'œil les femmes qui sont de mon harem dispersé, et celles auprès desquelles je perdrais mon temps et mes soins. Avec les secondes, je suis simplement poli; aux premières, je dirais volontiers : « Enfin je te trouve! et toi, me reconnais-tu? »

Un homme nous a déplu, sans cause, sans raison, sans prétexte; son gilet nous blesse, ses cheveux nous offensent. Cependant, comme l'homme s'est appelé lui-même animal raisonnable (on aurait peut-être dû dire raisonneur), on s'informe, on apprend que c'est un très-brave homme que celui pour lequel on ressent une si grande antipathie; il passe pour bon, simple, généreux.

On veut lutter contre ce sentiment qu'on trouve injuste; on lui adresse quelques prévenances, on se lie avec lui.

Eh bien, cet homme vous est plus tard funeste en quelque chose : il n'est pas mauvais en général; mais il est mauvais pour vous; il vous est contraire. Peut-être est-ce à cause d'une ressemblance. Vous avez les mêmes angles, ils se heurtent au lieu de s'emboîter.

Appelez-vous magnétisme cette foudre continue qui sort des yeux de cette femme, dont le regard perce le vôtre et vous fait éprouver une douceur voluptueuse?

Appelez-vous magnétisme cette puissance que l'homme de cœur, qui n'avait peur que d'avoir peur, exerce sur le spadassin. quand ils ont tous deux l'épée à la main?

Appelez-vous magnétisme ce double regard dont la rencontre est pour le vrai jaloux, pour le jaloux raisonnable, un adultère complet, après lequel il reste quelque chose à faire pour l'amour, mais rien contre le mari ?

Si c'est cela, je pense que personne ne le peut nier...

Mais entendez-vous par le magnétisme l'art de dire la bonne aventure d'une façon nouvelle, l'art de faire les cartes sans cartes ?

Pour cela, je pense qu'on peut croire aux somnambules juste comme aux autres diseuses de bonne aventure, et aux autres tireuses de carte.

Entendez-vous par le magnétisme l'art de lire dans votre pensée par une communication mystérieuse de cerveau à cerveau, de mêler deux existences par le partage de la vie, de façon à ce que l'un éprouve ce qu'éprouve l'autre ?

C'est l'exagération, ou plutôt la régénération et la continuité des choses qui nous apparaissent incomplétement et par intervalles.

Appelez-vous magnétisme le don des langues et de toutes les sciences donné par l'imposition des mains, par quelqu'un qui n'a pas ce qu'il donne, au moyen de quelques grimaces et contorsions bizarres ?

Cela devient plus difficile.

Appelez-vous magnétisme voir sans les yeux, lire par le dos?

Vouloir par la volonté d'un autre, et sentir par ses sensations?

Devenir, au gré d'autrui, insensible à la douleur physique la plus atroce?

Il y a, dans tout cela, des choses qui sont fort proches de celles que nous croyons, et d'autres qui en sont fort éloignées.

Mais doit-on accepter les unes à cause des autres, ou les rejeter toutes par la même raison?

Doit-on refuser de croire une chose parce qu'elle est extraordinaire?

Mais nous admettons par l'habitude cent choses plus extraordinaires que celles que nous nions comme impossibles.

L'invraisemblance n'est pas beaucoup plus le faux que le vrai. La vie est plus incompréhensible que le magnétisme, qui est une modification de la vie.

La pensée et le songe, ce ruminement confus de la pensée, qui les a expliqués?

Donc, il faut croire.

Malheureusement, le magnétisme, commé science, est difficile à étudier pour l'homme de foi.

Il est placé entre la science légale des corps constitués, qui nie avec préméditation et dessein formé; et le charlatanisme, qui affirme et exploite pour de l'argent.

Je sais que des faiseurs de tours, Philippe ou Robert Houdin, et surtout le vicomte de Caston, exécutent des choses aussi surprenantes que les plus surprenants effets du magnétisme.

Certes, quand ces messieurs tirent de la poche de leur gilet un grand bocal plein d'eau et de poissons rouges, quand ils opèrent tous les phénomènes de la seconde vue, il est évident qu'ils ont une lucidité plus grande qu'aucun somnambule, et qu'ils nous laissent aussi étonnés que nous l'ayons jamais été par Alexis ou par mademoiselle Pigeaire.

Ainsi, à quoi servent les corps constitués et les académies ?

L'Académie de médecine, si les magnétiseurs sont des charlatans et des jongleurs, ne doit-elle pas démasquer la fourberie d'une façon si complète, que ces messieurs ne puissent plus donner de séances que sur les tréteaux des boulevards?

Si les opérations sont vraies, c'est immense, c'est bouleversant, c'est dangereux : la science doit s'en emparer et les régler; si c'est faux, c'est une fourberie très-adroite et très-effrontée, dont sont dupes beaucoup de bons esprits.

C'est une question qui ne peut rester en suspens, et les académies et les corps savants doivent être sommés de la rendre complétement claire.

Pour moi, voici ce que j'ai vu successivement en diverses circonstances.

M. Esq***, un jeune poëte, s'occupait de magnétisme. Il amena un jour chez M. V. H. un sujet qu'il endormit facilement; la somnambule avait lu, disait-on, dans des séances précédentes, des phrases entières, avec un bandeau sur les yeux. Comme on suspectait le bandeau, et qu'on aimait mieux croire à certaines exagérations de la vue qu'à la vue sans les yeux, on proposa, au lieu de cacher les yeux, de cacher le livre.

On présenta à lire à la somnambule des mots écrits et cachés sous d'épaisses enveloppes ; elle préféra avoir une attaque de nerfs et donner des coups de pied dans l'estomac de son magnétiseur.

J'ai vu ensuite mademoiselle Pigeaire.

La mère de mademoiselle Pigeaire lui mettait sur les yeux un bandeau de velours noir ; on en collait les bords sur ses joues avec du taffetas gommé. Après de longs efforts et quelques contorsions suspectes, mademoiselle Pigeaire finit par déchiffrer deux ou trois mots.

On me proposa de jouer aux cartes avec elle. En jouant, je retournai une carte ; elle me dit :

— Monsieur, la carte est retournée.

Le public d'applaudir ; en quoi le public avait tort.

Je lui dis :

— Mademoiselle, ou vous voyez à travers un bandeau épais, auquel l'épaisseur de la carte n'ajoutera pas une grande difficulté ; ou vous voyez, comme vous le prétendez, sans le secours des yeux, et alors il importe peu pour vous que la carte soit d'un côté ou de l'autre, sur la table ou dans ma poche.

Mademoiselle Pigeaire ne put nommer la carte.

En général, elle n'hésitait pas pour dire ce qui se passait au loin, mais elle éprouvait beaucoup de peine pour désigner des choses présentes, à peu près comme la plupart des médecins, qui sont si forts sur la peste et la lèpre qui n'existent plus, et qui échouent contre les cors aux pieds et les rhumes de cerveau.

J'ai la conviction que mademoiselle Pigeaire, qui, dans l'origine, avait dû présenter certains phénomènes électriques et magnétiques, se voyant l'objet d'une grande curiosité, les avait exagérés, puis en avait feint d'autres, et je crois qu'elle trompait un peu ses parents.

J'ai vu au Havre le somnambule le plus lucide dont on ait parlé : c'est Alexis, que magnétise M. Marcilli.

Les assistants lui firent dire un peu trop de bonne aventure; mais il m'étonna beaucoup dans les réponses qu'il fit : quelques-unes auraient pu être faites par n'importe qui, grâce à la complaisance involontaire avec laquelle certaines femmes impatientes l'aidaient sans s'en apercevoir; d'autres sont à peu près impossibles à expliquer.

D'abord, il fit tout ce que mademoiselle Pigeaire n'avait pu faire : les yeux bandés, il reçut cinq cartes d'un assistant qui en prit cinq.

Alexis joua la partie d'écarté les deux jeux retournés sur la table, et désignant à son adversaire, qui ne voyait pas son jeu, la carte qu'il devait prendre pour répondre à celle qu'il jouait.

— Monsieur, vous avez la dame de carreau, la deuxième à gauche... Monsieur, avez-vous le huit de trèfle? La première à droite... Monsieur, vous n'avez pas de pique; coupez avec votre valet d'atout.

Une femme lui dit :

— En sortant de chez moi, j'ai mis, sur la table de mon salon, un objet qui n'y est pas d'ordinaire; le voyez-vous?

Alexis répondit qu'il le voyait; et, après de longues hésitations et des questions nombreuses, faites par lui-même, il répondit :

— C'est un cygne empaillé.

Mais il avait demandé si c'était un meuble, si c'était un animal, si cela était vivant. Je crois que j'aurais deviné comme lui.

On lui présenta une bague, et il dit deux mots qui se trouvèrent écrits dans la bague.

Comme on le laissait un peu seul, je m'approchai de lui et lui livrai ma main; il toucha une bague que je porte, et me dit :

— Cette bague vous a été donnée par une personne qui est morte. Est-ce une femme? ajouta-t-il.

— Non.

— Alors c'est votre père.

Je sentis un froid à la racine des cheveux, et je ne lui fis plus de question. Comme je m'éloignais, il ajouta :

— S'il n'y avait pas de monde, j'aurais quelque chose à vous dire.

Je ne l'ai pas revu.

Un jour, j'assistai à une séance de magnétisme chez M. Lafontaine.

Il amena une jeune servante et l'endormit.

M. Lafontaine annonça qu'il ne s'agissait pas de montrer de la lucidité, mais de l'insensibilité; en un mot, de provoquer à volonté un état de catalepsie pendant lequel le sujet pourrait souffrir les opérations les plus douloureuses, non-seulement sans s'en apercevoir, mais encore sans en garder ensuite le moindre souvenir. Il magnétisa les bras et les jambes de la jeune fille, qu'il appelait Marie; ses bras et ses jambes prirent une grande rigidité. J'essayai de faire fléchir les bras; mais il me sembla que je risquais de les casser.

M. Lafontaine annonça alors que l'insensibilité était complète quoique la somnambule parlât et répondît à toutes les questions que lui faisaient le magnétiseur ou les personnes que, disait-il, il mettait en rapport avec elle.

Il lui ficha des aiguilles sur les mains, sur le front, il lui traversa la main avec une aiguille : mais je sais qu'en certaine partie de la main, on peut le faire à toute personne éveillée sans qu'elle en ressente de douleur. Il lui traversa le sourcil avec une autre aiguille, et, comme le sang coulait avec une certaine abondance, il l'arrêta au moyen de passes et de l'imposition du doigt.

Il m'offrait de ficher moi-même des épingles sur la patiente; je n'ai pas besoin de dire pourquoi je préférai lui chatouiller les lèvres avec une plume : elle resta impassible, sans la moindre contraction.

Il lui fit respirer du soufre allumé, puis de l'ammoniaque, qu'il lui ordonna d'aspirer fortement : elle obéit, et aucun muscle de son visage ne trahit la moindre gêne ni la moindre sensation.

M. Lafontaine fit alors de nouvelles passes ayant, dit-il, pour but d'augmenter encore l'état électrique de Marie. Quelqu'un joua un air d'église sur un piano : elle parut surprise, un sourire ineffable s'épanouit sur son visage; elle joignit les mains et se leva, ses genoux fléchirent, son sein s'agita; graduellement elle arriva à une extase extraordinaire : elle murmurait les mots de « Seigneur! » et de « Mon Dieu! »

M. Lafontaine lui parlait et elle ne l'entendait plus; ses yeux fixes, pleins d'un feu humide, semblaient contempler le ciel ouvert; de grosses larmes coulaient sur ses joues. Cette fille, d'un visage insignifiant, d'une forme commune, devint tout à fait belle; ses attitudes étaient nobles, son regard inspiré.

On lui mit une bougie, non pas devant, mais sur les yeux, au point de lui brûler les cils, sans qu'elle semblât s'en apercevoir, sans qu'elle manifestât la moindre sensation causée par la flamme ni par la chaleur, sans que sa paupière frissonnât. On lui tira aux oreilles des capsules fulminantes, on lui ficha des épingles sur le front; son extase allait toujours croissant; elle tomba à genoux en s'écriant:

— Seigneur... viens!

Tout à coup le musicien changea de rhythme et joua un air de danse. Marie parut surprise, inquiète, contrariée; elle semblait se cramponner aux sensations nouvelles et contraires qui s'emparaient, qui s'évanouissaient d'elle malgré sa volonté; puis elle céda : au sourire extatique succéda un sourire de paysanne au bal; elle redevint une fille commune, assez laide, et elle dansa.

Puis le musicien se leva et quitta le piano. A

l'instant même elle s'affaissa et serait tombée par terre si on ne s'était empressé de la retenir ; mais on ne put l'empêcher de s'étendre sur le tapis, et elle eut une crise nerveuse fort semblable au commencement d'une crise d'épilepsie. M. Lafontaine la calma avec quelque peine. Cependant elle était toujours en état de somnambulisme ; on lui demanda si elle souffrait, et, au milieu des convulsions, elle répondit que non.

La musique reprit : elle se calma à l'instant et retomba dans l'état extatique qui nous avait frappés auparavant.

Pendant ce temps, une vieille dame, très-fervente à l'endroit du fluide animal, ou vital, comme l'appelle M. Lafontaine, me faisait une querelle ; elle prétendait que j'avais parlé à la somnambule, que je m'étais mis en rapport avec elle, et que le combat de mon fluide avec celui de M. Lafontaine avait causé la crise nerveuse ; j'excusai de mon mieux et moi et mon pauvre fluide. M. Lafontaine eut l'indulgence d'assigner une autre cause à la crise de Marie, et de l'attribuer à la cessation brusque de la musique, effet, du reste, ajouta-t-il, très-difficile à éviter; et mon fluide fut déclaré non coupable, à ma grande satisfaction.

Si tout ceci est une comédie, c'est bien joué, et Marie laisse bien loin derrière elle tout ce qu'il y a d'actrices au théâtre.

Marie, réveillée, eut l'air de n'avoir la conscience de rien de ce qui s'était passé, et on mit sur la sellette à sa place un vieux sourd-muet, qui, après des passes et des insufflations prolongées et énergiques, entendit et répéta les mots *bonjour* et *pantalon*.

Mais, comme il y a beaucoup de sourds-muets qui entendent et parlent un peu à différents degrés, et comme il ne put expliquer clairement sa situation antérieure, le fait reste sans conclusion.

Voilà ce que j'ai vu un jeudi, à huit heures du soir, chez M. Lafontaine, rue Neuve-des-Mathurins.

Maintenant, que cela s'explique de différentes façons, que l'influence exercée par M. Lafontaine sur Marie consiste à reproduire à volonté chez elle une crise, effet d'une catalepsie naturelle à laquelle

elle serait sujette; ou que ce soit la plus effrontée et la mieux jouée des comédies, ce qui ne paraitra vraisemblable à aucune des personnes qui y ont assisté : il y a certes de quoi frapper des esprits même peu portés à la crédulité, et, je le répète, le devoir de l'Académie de médecine, son devoir impérieux, est de reconnaître et d'étudier ce phénomène ou de démontrer la supercherie de telle façon que personne n'en puisse être dupe à l'avenir.

Pour moi, j'ai vu des choses extraordinaires et je les raconte. J'attends.

Je terminerai ce récit par une histoire ayant trait au magnétisme, et que je vole tout simplement à M. Emile Deschamps; malheureusement, je n'ai pu retenir que le fond de l'anecdote, et je ne puis lui voler la bonhomie spirituelle et malicieuse avec laquelle il la raconte.

Une jeune fille avait une mauvaise santé, sans être précisément malade; son état ne présentait les symptômes d'aucune maladie classée et ayant, de par la Faculté, droit de bourgeoisie chez les mortels. Les médecins allopathes, homœopathes, hydropathes, etc., prétendaient que cela se passerait: ils ordonnaient un peu de patience et beaucoup de distractions.

Un ami de la famille parla de magnétisme avec beaucoup d'enthousiasme; il raconta des cures merveilleuses, des phénomènes, des miracles. Malgré certaines répugnances, on se laissa convaincre, et l'on fit venir un magnétiseur.

C'était à la fin du jour, dans un jardin, sous une épaisse allée de sycomores; au bout d'un quart d'heure, la jeune personne était endormie; au bout de vingt minutes, elle commençait à répondre aux questions du magnétiseur, lorsqu'un domestique, accouru en toute hâte, demanda celui-ci et lui dit quelques mots à l'oreille.

— Pardon, dit-il à la famille, un événement inattendu me force à courir chez moi; je reviens dans dix minutes. Attendez-moi, j'ai mon cabriolet à votre porte.

Il part.

Les dix minutes sont bientôt passées; il s'écoule un quart d'heure, une demi-heure, une heure.

L'ami, très-expert dans les pratiques du magnétisme, dit :

— C'est fâcheux qu'il ne l'ait pas réveillée avant de partir.

Au bout d'une heure et demie, on envoie chez le magnétiseur. On répond qu'il n'est resté que dix minutes chez lui, qu'il était fort ému, qu'il a fait un paquet d'un peu de linge et de quelques hardes, qu'il s'est fait conduire au chemin de fer de Rouen.

On couche la jeune fille, on convient de ne rien dire ni à personne ni à elle-même. Le lendemain matin, on n'avait pas de nouvelles. Le surlendemain, on reçoit une lettre du Havre.

Le médecin annonçait que sa femme lui avait été enlevée par un perfide ami ; qu'ils avaient pris, en partant, sa caisse tout entière ; qu'il était à leur poursuite. Il regrettait vivement l'embarras dans lequel il les avait laissés.

Que faire ?

L'ami disait :

— Au moins, s'il avait mis quelqu'un de

nous en rapport avec elle, on l'aurait réveillée.

— Et que faisait la jeune fille?

— La jeune fille buvait, mangeait, causait, comme de coutume; il n'y avait rien de changé à ses habitudes, et bien heureusement, car cela rendait facile aux parents de lui cacher la triste position dans laquelle elle se trouvait.

— Mais alors elle ne dormait pas?

— Certainement que si, puisque le magnétiseur ne l'avait pas réveillée.

— C'est juste.

Il se passa un an, les parents étaient fort tristes, fort abattus : on n'avait aucune nouvelle du disciple de Mesmer; il n'était pas revenu à Paris; on ne savait où il était.

Un parti se présente; les parents et l'ami se réunirent, se consultèrent. Doit-on avertir le futur époux de l'état dans lequel se trouve la fille qu'il demande?

La probité, la sévère probité dit qu'on ne peut s'en dispenser. Mais s'il allait s'effrayer! et qui ne s'effayerait pas à sa place?

C'est un mariage très-avantageux, très-convenable sous tous les rapports.

On fait taire la probité; on ne dit rien; le mariage se conclut.

— Et comment était la jeune femme?

— Comme de coutume. Il fallait savoir ce qui en était; sans cela, on ne se serait douté de rien.

Au bout d'un an, elle allait avoir un enfant.

Le mari était enchanté. Cependant les parents, qui étaient honnêtes au fond, souffraient d'un pareil état de choses: leur conscience était bourrelée quand le mari les remerciait de son bonheur. Dix fois la vérité fut sur leurs lèvres, dix fois ils la retirèrent.

— Et la jeune femme?

— Elle allait fort bien: elle eut un second enfant.

Un jour, on apprend que le médecin s'est fixé à Provins.

Les parents, au comble de la joie, lui écrivent avec instances de venir à Paris. Il répond et s'excuse sur de nombreuses occupations.

Une correspondance s'engage: les parents insistent; le magnétiseur résiste. Il finit par mettre son déplacement à un prix exorbitant. Que faire? il fallait bien en passer par où il voulait; on était à sa discrétion. L'état de la jeune femme ne pouvait durer éternellement; le secret, caché jusque-là au mari, pouvait être révélé à chaque instant. On accorde ce que le médecin exigeait. Il arrive, il se loge auprès de la maison, et, un jour que le mari est à la chasse, on le prévient.

Il arrive; on avait défendu la porte : on était sûr de ne pas être troublé.

L'ami seul, qui était dans le secret, assistait à l'opération.

Le magnétiseur dégage le fluide; il descend les mains du front à l'épigastre de la somnambule, en les secouant pour se débarrasser du fluide qu'il enlève; il la réveille.

— Et quelle différence cela amena-t-il chez la jeune femme?

— Aucune, au point que le mari ne s'aperçut de rien.

— Mais alors qui vous dit qu'elle ne dormait plus?

— Quelle tête dure vous avez ! Certainement qu'elle ne dormait plus, puisque le magnétiseur l'avait réveillée.

— C'est juste.

UNE VISITE A L'ARSENAL

Dans un vaste atelier sont deux jeunes gens : l'un est devant un chevalet et profite des dernières lueurs du jour ; l'autre, étendu sur un vaste divan rouge, fume nonchalamment une longue pipe et retourne dans ses mains une lettre encore non décachetée. Tous deux portent des cheveux longs et des moustaches. Demain, peut-être, ils auront la tête et le menton rasés ; après demain, ils laisseront repousser la barbe sous la lèvre inférieure.

— Je ne sais pourquoi, dit le fumeur, j'hésite à envelopper cette lettre dans le sort auquel je condamne les autres depuis deux mois. J'ai quelque regret de la brûler sans la lire, d'autant plus que c'est l'écriture de mon père. Je devine à peu près le contenu des deux missives qu'il m'a adressées précédemment. La première contenait nécessairement des reproches et des menaces ; la seconde, probablement, des reproches et des conseils. Il n'est pas impossible que je trouve dans celle-ci un bon sur la poste. Parbleu ! ajouta-t-il après avoir parcouru les premières lignes, je ne m'étais pas trompé : mon correspondant est chargé de me remettre cent francs.

— Cent francs ! s'écria l'autre en posant sa brosse.

— Cent francs, répondit le fumeur.

— Allons, les pères valent mieux que leur réputation ; pour moi, je n'aurai mon pain quotidien que lorsque je pourrai dire : *Notre père, qui êtes aux cieux.*

» En attendant, il me fait une recommandation très-importante. Mon oncle de l'Arsenal est malade; il me presse de l'aller voir ; c'est un oncle à héritage, et je n'y suis allé qu'une seule fois depuis trois ans.

— Tu as tort.

— Il n'est pas difficile d'être sage pour les autres.

Je tâcherai d'y aller demain. Mais je ne sais pas trop le chemin.

— Je te ferai une carte.

— Voilà qui est bien.

Le lendemain arrive.

— Je ne partirai pas sans déjeuner.

— Je ne te le conseille pas.

— Qui ira chercher le déjeuner?

— Pas moi; je suis en pantoufles.

— Ni moi ; je ne veux pas salir mes bottes avant de me mettre en route. Eugène, tu n'es guère complaisant.

— Et toi, tu n'es guère juste; c'est moi qui ai fait hier toutes les corvées. Aujourd'hui, c'est à ton tour.

— Écoute, prenons les fleurets ; le premier touché ira chercher le déjeuner.

On prend les fleurets, on tire ; Arthur est touché. Il est convenu que c'est lui qui ira chercher le déjeuner; mais, puisqu'on a tant fait que de décrocher les fleurets, les masques et les gants, on ne s'arrêtera pas à une première botte. On tire pendant une heure. On s'arrête essoufflé, exténué.

— Il faut faire chauffer de l'eau pour ma barbe.

— Oui, et tu as laissé éteindre le feu.

— Il sera bientôt rallumé. Mais nous n'avons pas d'eau.

— Comment! la fontaine est déjà vide?

— Oui; j'ai oublié de refermer le robinet hier au soir.

— La cuisine doit être inondée?

— La chose n'est que trop vraie. Je suis bien heureux de m'en être aperçu avant de descendre.

On déjeune, on met de l'eau au feu.

Pendant qu'elle chauffe, Eugène s'est remis à son tableau. Arthur a pris sa pipe et s'est étendu sur le divan :

— Regarde, Eugène, combien j'ai perdu de temps aujourd'hui; je devrais déjà être loin. C'est décidément une mauvaise chose que la flânerie. On ne saurait croire combien la mienne m'a déjà fait de tort. Un philosophe a eu bien raison de dire : « Faites ce que vous voudriez avoir fait plutôt que ce que vous voudriez faire. »

— Cela est d'autant plus juste à ton égard, dit

Eugène en prenant une pipe et en s'asseyant près de son camarade, que ce que tu voudrais faire surtout, ce serait ne rien faire.

— Il est vrai que je méprise cette inquiétude qui fait que certaines gens agissent pour agir; faites quelque chose qui vaille mieux que le repos, ou tenez-vous coi.

— En ce moment, il vaudrait mieux t'habiller que de te tenir coi.

— Mon eau n'est pas chaude.

Les deux amis lâchèrent quelques bouffées de fumée; puis Arthur reprit :

— Ce n'est pas que je veuille défendre la flânerie; car l'exorde de mon discours était, s'il t'en souvient, tout à fait contre elle.

— Je n'en dirai pas non plus de mal; car

La paresse est un don qui vient des immortels.

Les deux amis avaient dans la tête une certaine quantité de citations qu'ils arrangeaient en manière d'aphorismes, selon le besoin qu'ils en pouvaient avoir.

— Mais, ajouta-t-il, il faut, pour que la flânerie soit douce, qu'elle soit aussi sans crainte et sans remords, sans peur et sans reproche; il faut avoir conquis le droit de s'y livrer corps et âme; car ce n'est pas la flânerie véritable, la flânerie pure et entière, que celle à laquelle s'abandonne le corps tandis que l'esprit le gourmande.

Il se leva et commença sa toilette. Pour une visite aussi peu fréquente et aussi importante que celle qu'il avait à faire, il crut devoir laisser de côté la cravate noire, qu'il n'avait pas quittée depuis plusieurs années. Il en plia donc une blanche, et la mit toute disposée sur le dos d'un fauteuil. Mais, lorsqu'il se fut lavé les mains, il les essuya tranquillement après sa cravate, ne songeant pas que ce morceau de linge blanc pût être autre chose qu'une serviette. Quand il s'en aperçut, il était trop tard, la cravate était entièrement fripée et sale. Il en fallut chercher une autre; il s'assit pour la plier sur ses genoux. Mais il était si bien sur le divan ! Il reprit sa pipe et se mit à fumer. Sa tête reposait mollement sur les coussins...

État d'inertie qui laisse voltiger autour de la tête des pensées légères, bizarres, que le moindre souffle dissipe ou métamorphose comme les nuées de fumée, et lâche la bride à l'imagination qui vagabonde, laisse là le corps engourdi sans force pour la suivre ni la retenir, tel que l'oiseau qui, échappé de sa cage, voltige alentour et semble narguer l'oiseleur stupéfait de sa fuite.

État délicieux où le moi disparaît, où l'on assiste à sa propre vie, à ses sensations, à ses joies, à ses douleurs, comme à un spectacle, avec cette douce paresse d'un spectateur bien assis; où on ne peut creuser une pensée triste sans que, malgré vos efforts pour la retenir, elle vous échappe comme l'eau entre les doigts, et se transforme en une figure bouffonne qui, dansant dans la fumée du tabac, vous rit au nez et vous force à rire.

Cependant Arthur part. Sur l'escalier un homme l'arrête.

— M. Arthur est-il chez lui?

— Non, il est mort.

L'homme redescend devant lui tout étourdi.

— Allons, je suis bien heureux que ce gaillard-là ne me connaisse pas.

Il se met en route le long des boulevards. Il y a bien des choses à voir sur les boulevards au mois de mars.

Les marchands de fleurs ont sur les étalages les premières jacinthes, qui répandent une odeur de printemps. Les femmes, aux premiers rayons du soleil, sortent de leurs fourrures, comme les premières fleurs de leurs calices verts.

Il s'arrête à un escamoteur ; l'escamoteur commence un tour plus surprenant que tous les autres, mais il ne le finit pas : il en a d'autres à montrer auparavant ; puis il donne pour rien un pain de blanc d'Espagne pour nettoyer les chandeliers, à ceux qui voudront bien payer vingt sous une boîte de charbon pour les dents.

— Ce spécifique odontalgique et balsamique est souverain contre la carie des dents. J'offre de faire une expérience publique. La première personne venue... Viens ici, simple gamin... Tenez, les dents de cet enfant sont d'un noir parfait ; vous mettez sur la brosse un peu de poudre; vous l'humectez avec de l'eau; et ne croyez pas que ce soit de l'eau préparée; l'eau, la première venue, l'eau du ruisseau; vous frottez les dents et les gencives.

Cependant le tour tant annoncé ne se fait pas; Arthur, qui l'a attendu pendant une demi-heure, perd patience et s'en va. Mais l'escamoteur court après lui et l'appelle :

— Monsieur ! monsieur !

Tous les yeux sont fixés sur Arthur. Il rougit et s'arrête.

— Monsieur, dit l'escamoteur, pourquoi m'emportez-vous mes balles? Je n'ai pour vivre que les instruments de mon métier.

Tout le monde entoure Arthur, qui, bleu de colère, s'écrie :

— Je n'ai pas vos balles, allez vous promener.

— Je demande mille pardons à monsieur, mais il a mes balles dans son chapeau.

L'escamoteur en retire trois énormes balles. Le tour se fait adroitement; tout le monde admire,

Arthur a envie de battre l'escamoteur et s'enfuit. Les incrédules sourient et disent :

— C'est un compère.

Plus loin est un marchand de briquets phosphoriques.

— Ceci est la véritable pâte inflammable. Vous n'avez point besoin d'allumettes préparées; vous prenez gros comme rien du tout de ma pâte au bout d'un couteau, au bout de votre canne, au bout de ce que vous voudrez, de n'importe quoi ; le moindre frottement contre une mèche l'allume aussitôt.

» Outre l'utilité de ma pâte inflammable, c'est une source d'amusements honnêtes et récréatifs ; l'histoire de rire et de s'amuser en société.

» Vous êtes dans le monde... chez un ministre ; un maladroit veut moucher la chandelle et l'éteint; obscurité complète. Chacun dit la sienne; on profite de la nuit pour embrasser sa voisine ; mais vous, vous tirez votre briquet, que vous avez toujours sur vous ; vous pariez un litre, rouge ou blanc, avec la maîtresse de la maison, que vous rallumerez la chandelle.

Arthur continue sa route; un homme l'arrête par le collet de son habit. Cet homme a devant lui un chat-huant et trois innocentes couleuvres, serpents féroces qu'il a, dit-il, apprivoisés. Plusieurs oiseaux, roides et étendus sur le dos, sont instruits à simuler la mort. S'il vous permettait de les toucher, vous verriez que la chose ne leur est que trop facile. Cet homme vend du savon à détacher. En vain Arthur veut s'échapper, son ennemi ne lâche pas prise; la foule s'amasse autour d'eux.

— Il est impossible de voir une tache plus dégoûtante que celle qui dépare le collet de l'elbeuf de monsieur.

Arthur donne un coup de poing dans l'estomac du dégraisseur, et le fait tomber avec sa table sur les oiseaux et les reptiles morts ou vivants, puis il s'enfuit; et, pour dérouter les regards, il quitte les boulevards et prend au hasard une rue qu'il ne connaît pas; elle le conduit dans une autre qui donne dans une autre. Arthur est perdu; il erre, il tourne; enfin il demande à un commissionnaire où il se trouve ; il a fait la moitié du chemin pour retourner chez lui.

— C'est l'heure du dîner de mon oncle, je vais rentrer ; je n'irai pas aujourd'hui.

Le lendemain, Arthur se leva de grand matin. Il avait perdu un temps prodigieux, la veille, à faire chauffer de l'eau pour sa barbe ; aujourd'hui, il se rasera à l'eau froide. Il est vêtu de deux pantoufles, l'une à lui, l'autre à Eugène ; une jaune, l'autre rouge ; un vieux pantalon noir taché de couleur et une chemise de nuit complètent le costume.

Le savon est lent à se dissoudre dans l'eau froide ; il devient gluant et glissant, et jaillit, de la main serrée pour le retenir, comme un noyau de cerise entre les doigts.

Arthur se baisse et met la main dessus ; le savon glisse dans la main et disparaît sous le divan.

Il prend une canne et frappe le divan ; la canne rencontre le savon et le chasse violemment ; la porte est ouverte, le savon sort ; Arthur le poursuit ; mais il passe à travers la rampe et, toujours glissant, descend d'étage en étage ; deux fois Arthur le rattrape et veut le saisir avec le pied; mais il s'élance de plus belle. Arthur descend aussi vite qu'on peut descendre en pantoufles ; il passe à côté d'une femme et d'un enfant, et manque de les renverser; il déchire entièrement une manche de sa chemise après un portemanteau pour battre les habits. Le savon s'est arrêté dans la cour ; Arthur va le saisir ; une servante, qui lavait à la pompe, vide son baquet, et le ruisseau grossi entraîne le savon par-dessous la porte cochère.

— Cordon, s'il vous plait !

Arthur sort et prend son savon entre les jambes d'un cheval; mais on s'arrête dans la rue pour le regarder. Il s'empresse de rentrer ; à chaque étage, il rencontre des voisins sortis pour chercher la cause du bruit qu'il faisait en descendant. Les uns rient, les autres haussent les épaules. Arrivé en haut, l'atelier est fermé. Il va frapper, il entend un enfant qui pleure et une femme qui gronde.

— Tiens-toi tranquille ; dans une heure, tout sera fini, et nous nous en irons.

— Ah! mon Dieu! c'est un affreux petit enfant dont Eugène fait le portrait. Je ne puis me présenter ainsi. Que faire? Une heure avec une chemise incomplète par le temps qu'il fait. Si j'avais une pipe, seulement.

Arthur bat la semelle, marche en long et en large. Quand il a épuisé ces plaisirs peu variés, il sort par une lucarne, grimpe sur le toit, et va se chauffer à la fumée d'une cheminée voisine. L'heure se passe longuement; mais il n'est plus temps d'aller chez l'oncle : encore une journée de perdue.

La nuit, Arthur dort à peine pour se réveiller plus sûrement de bonne heure. Il songe aux raisons qu'il donnera à son oncle pour n'être pas allé le voir depuis si longtemps. Le matin, il se réveille; le jour pénètre dans la chambre, sombre et pluvieux.

— Allons, il pleut; je ne sortirai pas.

Quand on se trouve bien au lit, le moindre prétexte paraît suffisant pour y rester. Cependant Arthur se trompe, il ne pleut pas. Un rideau bleu étendu par Eugène devant la fenêtre, cause son ereur. Il n'y a rien de si triste et de si trompeur que la lumière passant à travers un rideau bleu : il ne faut pas avoir de rideaux bleus.

Il ne pleut pas, bien au contraire; quand Arthur se lève, il est tard.

Le soleil commence à prendre de la force; ses rayons colorent les toits, qui semblent le salir.

De la terrasse qui est devant l'atelier, on voit quelques toises du ciel, mais on le voit bleu, transparent; on respire un air attiédi et pénétrant; dans les villes, c'est tout ce qu'on sait du printemps. Les plus belles fêtes de la nature ne sont, pour le citadin, que ce que serait l'harmonie lointaine d'un bal pour le pauvre qui meurt de froid à la porte de l'hôtel.

Mais c'est assez pour faire penser que la forêt doit commencer à feuiller, que les hêtres et les érables verdissent les premiers avec l'aubépine; les cerisiers doivent déjà balancer leurs riches panaches de fleurs blanches; les oiseaux d'hiver ont cessé leurs chants secs et aigus, et la fauvette, dans le jeune feuillage des lilas, fait entendre la première sa voix pleine et vibrante.

Sur le bord des rivières doivent fleurir les chatons

jaunissants des saules, autour desquels bourdonnent les premières abeilles.

Arthur dit à Eugène :

— Il faudrait cependant nous occuper de notre jardin.

Leur jardin se compose de trois longues caisses placées sur la terrasse.

— Que mettrons-nous, cette année, dans notre jardin ?

— Pour moi, je ne veux plus de légumes; ta salade de l'été passé était détestable; d'ailleurs, il faut un peu d'ombrage.

— Veux-tu donc des arbres de haute futaie et des taillis ?

— Ce ne serait pas si mal.

— Alors, pourquoi n'y mettrait-on pas des sapins? Ce serait une chose superbe.

— Sans plaisanterie, nous demeurons assez haut, ce me semble, pour que personne ne s'avise de nous contester le droit d'avoir ici quelques cèdres; le cèdre est ami des montagnes.

— Je veux des fleurs, je mettrai des œillets et des

roses rouges, que René d'Anjou fit voir le premier dans ses jardins.

— Il est aussi le premier qui ait cultivé le raisin muscat.

— Si tu m'en crois, nous n'aurons pas plus de vignes que de forêts.

— Comme tu voudras.

— Sais-tu que c'est une gloire comme une autre que d'avoir attaché son souvenir à une fleur?...

. . . .

Eugène est seul dans l'atelier, seul avec un modèle qui ne parle ni ne bouge. Arthur est parti de bonne heure; tout porte à espérer que, cette fois, il arrivera à l'Arsenal.

Eugène cause tout seul. Tout en peignant, il se donne à lui-même des avis, il se fait des reproches, il s'accorde quelques éloges, il imite les paroles et la voix du maître sous lequel il a étudié, il entremêle ce monologue de réflexions morales.

— N'abusez pas du bitume. Pourquoi peignez-vous sans appui-main?... Où diable sont mes appuis-main? Je ne trouverai jamais mes appuis-main.

Il faudrait avoir un rapin pour me donner mes appuis-main. On n'est jamais si mal servi que par soi-même... Ah ! vous appelez cela un appui-main ? Pourquoi ne prenez-vous pas un essieu de voiture ? Voilà une bougie allumée, c'est bien ; mais qu'est-ce qu'éclaire votre bougie ?... Mettez donc des lumières ; vous n'osez pas, vous avez peur. La, la, encore un peu. Ah ! maintenant, votre bougie éclaire. N'abusez pas du bitume. Un peu de cinabre... Allons, où est mon cinabre ? Qui est-ce qui a pris mon cinabre ? Dites-moi, Georges, dit-il au modèle, est-ce vous qui avez mangé mon cinabre ? Il me faut absolument du cinabre. Voici bien du vert ; mais ce n'est pas la même chose. Si j'avais un rapin, il me chercherait mon cinabre. Il faudra décidément que j'aie un rapin. L'économie est la mère de tous les vices. Ah ! voici mon cinabre ! Qui diable s'est avisé de le mettre dans un casque ? On dérange tout, ici ; on met tout en désordre. Qui diable s'est avisé de mettre mon cinabre dans un casque ? Allez donc le chercher dans un casque. Je sais fort bien que je l'avais mis dans une botte à l'écuyère... Allons, se dit-il toujours à lui-même, vous prenez peut-être cela pour un œil; si vous regardiez le modèle, vous ne feriez pas de semblables bévues. Qu'est-ce que ce grand œil hébété? Abaissez donc la prunelle; la, encore un peu.

Puis il chante :

> Que la peinture est difficile !
> Je n'serai jamais qu'un croûton.

— Si tout votre tableau ressemble à cette jambe, il faut vous rendre justice, ce sera le plus mauvais du salon, et vous ne ferez pas mal de mettre en bas : *Épicier pinxit*... N'abusez pas du bitume... Allons, Georges, vous allez vous reposer; moi, je vais sortir; je reviendrai dans une heure et demie; si l'on vient me demander, dites que je suis allé découvrir les sources du Niger.

Eugène sort. Un commissionnaire monte quelques instants après; il demande Eugène. Georges, qui fume du tabac du Levant dans une pipe turque, le renvoie avec sa lettre.

Cette lettre est d'Arthur.

Voici ce qui lui est arrivé :

Il est sorti, comme nous l'avons dit, de fort bonne heure; il a eu faim et est entré dans un café; au moment de sortir, il s'est aperçu qu'il n'avait pas d'argent. Il s'est fait servir quelque chose et a écrit à Eugène de chercher sa bourse et de la lui envoyer.

Le commissionnaire revient avec la lettre; comment payer ce qu'il a bu et mangé au café? On ne peut sortir du café sans solder sa dépense; on ne peut renvoyer le commissionnaire sans le récompenser. Il faut garder le commissionnaire et rester au café; il envoie le commissionnaire chez un ami et demande un cinquième verre d'eau sucrée.

— Si le commissionnaire ne trouve pas Robert, que vais-je faire? Il faut payer cet homme, il faut payer ma dépense ici. C'est très-embarrassant.

Une femme passe devant le café. Arthur se précipite à la porte, le chapeau à la main; cette femme qu'il vient d'apercevoir le préoccupe étrangement. Voici pourquoi:

Sortant, un jour, de la boutique d'un marchand de bric-à-brac, chargé de deux figures de plâtre, d'un casque antique et d'un parasol chinois, Arthur s'était, dans la rue, trouvé en face d'une femme dont la beauté l'avait frappé. Les impressions subites ne sont pas une chimère. D'un coup d'œil, Arthur fut amoureux, malheureux, jaloux. Les plâtres lui échappèrent quasiment des bras; il voulut suivre l'inconnue; mais, chargé comme un portefaix, sale de poussière et de plâtre, il avait été forcé d'abandonner ce projet au cinquième pas.

Il resta triste et rêveur pendant trois jours. Une chose l'affligeait surtout. Il devait avoir produit sur l'esprit de cette femme une impression toute contraire à celle qu'il avait reçue d'elle. Son accoutrement était ridicule, son admiration stupide. Pendant quinze jours, il ne sortit plus qu'en grande toilette : si l'on jouait une pièce nouvelle, il allait au théâtre; si un rayon de soleil se glissait à travers les nuées grises de novembre, il allait se promener aux Tuileries, cherchant sous tous les chapeaux les yeux bleus de son inconnue. Il voulait réparer l'impression défavorable qu'il pensait avoir produite, et s'élever au moins vis-à-vis d'elle au niveau des indifférents et des gens qu'elle n'avait jamais vus.

A deux mois de là, il l'avait une seconde fois aperçue dans un théâtre ; mais elle était fort éloignée de lui, et, quoi qu'il pût faire, il n'avait pas réussi à attirer son attention sur sa personne, qui, ce jour-là, était tout à fait coquette et bien arrangée. En rentrant, il avait fait son portrait de mémoire, et la vue continuelle de cette image n'avait pas peu contribué à entretenir dans son esprit une passion passablement extravagante. Depuis, il ne l'avait jamais rencontrée, quelques recherches qu'il eût faites. Quelquefois il avait suivi, des heures entières, des femmes inconnues, sous prétexte qu'elles avaient dans la taille et dans la tournure quelques rapports avec sa bien-aimée, ou qu'elles portaient un châle bleu. Les deux seules fois qu'il l'avait aperçue, elle était enveloppée d'un grand cachemire de cette couleur.

Du reste, il faisait fort assidûment la cour au portrait, et il plaçait devant lui de beaux bouquets chaque fois qu'il rentrait. La cherchant toujours et ne la voyant jamais, il était arrivé à un point d'adoration tel, que, s'il l'eût rencontrée par hasard et qu'il eût réussi à se faire aimer d'elle, lui ne l'aurait pas aimée longtemps. Il avait juché son idole sur un piédestal si élevé, qu'elle n'en aurait pu descendre sans se briser. Avec de l'imagination et des obstacles, on peut toujours adorer une femme; il n'est pas aussi facile de l'aimer. On n'adore la plupart des femmes que faute de les pouvoir aimer.

Non que nous prétendions dire du mal des illusions; loin de là, nous avons souvent pensé qu'il n'y a de beau dans la vie que ce qui n'y est pas; c'est-à-dire que la vie nue, dépouillée des riches couleurs que lui prête le prisme de l'imagination, ne vaut guère la peine qu'on la vive, et ressemble à un papillon dont les ailes, froissées par une main maladroite, ont perdu leur brillante poussière écailleuse.

Tuer les illusions, c'est borner le monde à notre horizon, c'est rétrécir le cercle de nos sensations à la largeur de nos bras étendus; c'est, à l'exemple de l'éphore spartiate, couper deux cordes de la lyre; c'est, comme le tyran de Syracuse, jeter à la mer sa plus belle bague; c'est se mutiler comme Origène.

Ainsi, en reconnaissant sous un chapeau noir, et à travers un voile de la même couleur, les grands yeux bleus de l'inconnue, Arthur s'était précipité à la porte du café; mais, au moment de la franchir, il se rappela tout à coup qu'il n'avait pas payé et ne pouvait payer ce qu'il avait pris, et qu'en le voyant sortir, surtout d'un pas rapide, on ne manquerait pas de le prendre pour un voleur qui avait voulu déjeuner aux dépens du limonadier.

Il retourna à sa place, demanda un sixième verre d'eau sucrée, et fit semblant de lire un journal.

Enfin, un homme entra en riant dans le café : c'était l'ami auquel Arthur avait écrit de venir le tirer d'embarras. Il lui offrit sa bourse; Arthur paya le commissionnaire et ses innombrables verres d'eau sucrée.

— Mon cher ami, dit le nouvel arrivé, puisque je paye ton déjeuner, permets-moi de subvenir également à ta nourriture du reste du jour, et viens souper avec nous.

Des circonstances amenées par la rencontre de cet ami, un amour qui amena un voyage, un voyage qui amena une brouille, une brouille qui amena un retour, tout cela prit bien du temps.

. . . .

Après ce temps, en route, Arthur songe à son inconnue, et, rentré à son atelier, remplace par un bouquet de bruyère rose et de genêt doré le bouquet depuis longtemps flétri qui décorait son portrait.

— Parbleu ! dit Arthur, il faut que j'aille chez mon oncle.

Arthur rentre au moment où Eugène allait dîner seul.

— Eh bien ?

— Eh bien ?

— As-tu vu ton oncle ?

— Non.

— Comment cela ?

— Le boulevard m'a encore une fois été funeste. Je me suis arrêté à voir une géante, Polonaise lors de la guerre de Pologne, Belge pendant le siége d'Anvers. Voici ce que j'ai lu sur l'affiche : « Le roi, ayant appris ce qu'on disait de sa merveilleuse beauté, l'a voulu voir et a déclaré que c'était à juste

titre qu'on la surnommait la reine des géantes. »
Fort du suffrage du roi, je suis entré, et j'ai eu
l'honneur d'être distingué par la reine des géantes.

— Ah !

— Devant tout le public rassemblé, elle m'a dit :
« Si monsieur, qui est d'une riche taille, veut bien
se placer à côté de moi, on verra qu'il ne me va pas
à l'épaule. » Je me suis gravement juché sur son
estrade, et je suis resté près d'elle aussi longtemps
qu'elle l'a jugé convenable. Ah ! dit-il en soupirant,
j'ai vu quelque chose qui m'a plus intéressé que
tout cela. J'étais arrêté près d'un escamoteur ; il
avait besoin d'une montre pour une métamorphose.
J'avais prêté la mienne ; et je t'assure que le tour est
très-drôle ; mais, comme je le regardais opérer, une
femme, enveloppée d'un cachemire bleu, vint à passer. Cette femme, c'était mon inconnue, je veux la
suivre ; elle marchait sur le boulevard précisément
dans le sens de ma route pour aller chez mon oncle ; mais je ne pouvais pas laisser ma montre dans
les mains de l'escamoteur. Je m'avance vers lui :

» — Ma montre...

« — Monsieur, dans un instant.

« — Je veux m'en aller.

« — C'est l'affaire de cinq minutes.

« — Je n'en ai pas une à perdre.

« Tout le cercle murmure et m'invective.

« — Avez-vous peur que je ne vous vole votre montre ?

« — Vous êtes un drôle.

« — Eh bien, prenez-la dans le gobelet où je l'ai mise.

« Je mets la main dans le gobelet; j'en tire un gros oignon. Tout le monde rit; tout cramoisi, je demande encore ma montre, et je m'enfuis avec; mais l'inconnue a disparu. Si elle était restée sur le boulevard, la ligne est droite, je la verrais; un cabriolet vient de partir, je le suis, je le poursuis. Il faut avoir du malheur, le cheval trottait parfaitement. Hors d'haleine, je le devance; mais il n'y avait dedans qu'un homme à lunettes bleues !

Arthur reçut une lettre de son père; dans cette lettre, il y avait ce passage :

« Envoie-moi des nouvelles de ton oncle, que

l'on disait si mal ; je ne te demande pas si tu l'as vu ; car ton cœur, nos intérêts, le respect humain, sans compter le conseil que je t'en avais donné, tout t'en faisait une loi. »

— J'irai demain, quand il pleuvrait des vieilles femmes ! s'écria Arthur. . . . .
. . . .

Six semaines après, Arthur arrive à l'Arsenal ; la maison de son oncle était tendue de noir, on venait de mettre le corps dans le corbillard, tout le monde montait dans les voitures de deuil. Arthur fut atterré ; cependant quelques minutes de réflexion lui firent voir qu'il ne lui arrivait rien que de très-ordinaire et tout à fait conforme à la marche naturelle des choses.

Trois personnes dont les figures ne lui étaient pas inconnues lui firent du geste l'invitation de monter avec elles dans la dernière voiture ; Arthur monta et suivit d'abord à l'église, puis au cimetière sans dire mot ; seulement, il lui venait bien à l'esprit quelques remords de n'avoir pas vu son oncle à son heure suprême. On arriva ; après cette cérémonie toujours triste, même pour les indifférents, après qu'on eut descendu le cercueil dans la fosse, et qu'on l'eut recouvert de quelques pelletées de terre qui retentirent sourdement sur le sapin, un monsieur vêtu de noir s'avança, qui se moucha, et, d'une voix émue autant par l'embarras de parler en public que par la douleur, prononça l'éloge du défunt.

Cette figure encore n'était pas inconnue à Arthur; il lui vint en l'esprit que ce jeune homme, moins étourdi ou plus heureux que lui, était probablement l'héritier de son oncle.

— Messieurs, dit l'orateur, surtout à propos de la mort, on peut dire que c'est pour celui qui reste que l'absence a le plus d'amertume; l'homme que nous regrettons va occuper dans le ciel la place que lui ont conquise ses vertus, et nous, nous restons ici-bas pour le pleurer.

— Il n'y a pas de doute, pensa Arthur, mon oncle lui a donné sa terre de Bayeux.

— Personne, continua l'héritier, ne pratiqua mieux ce précepte de l'Évangile : « Que votre main gauche ignore ce que donne votre main droite. »

C'est pour cela que les pauvres, ignorant d'où leur sont venus les nombreux bienfaits qu'il a répandus dans sa vie, ne sont pas accourus ici pour humecter cette terre de leurs larmes.

— Il a aussi la maison de Paris, se dit Arthur.

— A quelques personnes, ses facultés morales ont paru baisser; c'est que sa vie était finie dans ce monde, et qu'il commençait l'enfance d'une autre vie.

— Je ne donnerais pas cinq sous, dit tout bas Arthur, de ce que mon oncle m'a laissé de ses rentes sur l'État.

— C'était l'enfance de l'immortalité.

— Il ne me reste pas même les actions de canaux.

On remonta en voiture. Les trois compagnons d'Arthur parlaient de leurs affaires; Arthur ne parlait pas. Cette scène de mort l'attristait, et aussi, à dire vrai, la pensée que le travail de toute sa vie ne suppléerait pas à l'héritage qu'il avait perdu par sa faute. Il descendit de voiture et continua sa route à pied. Comme il traversait le boulevard, quelques personnes étaient arrêtées (et qui ne s'est arrêté quelquefois pour moins?) à regarder un postillon qui rattachait un trait rompu par ses chevaux. Arthur, machinalement, s'arrêta comme les autres. Comme il regardait, un homme lui frappa sur l'épaule ; il se retourna : c'était son oncle. Arthur pâlit et fut quelques instants immobile et glacé; puis il sauta au cou de son cher oncle et l'embrassa.

— J'aimerais mieux, dit l'oncle, que tu m'embrassasses moins fort et plus souvent.

Arthur l'embrassa encore; mais il y avait dans ses mouvements quelque chose de convulsif.

— Comment! c'est vous, vous dans mes bras? Mais c'est impossible!

— Il n'y a rien de si simple; je vais à Bayeux pour le reste de la belle saison.

— Mais, mon oncle, je viens...

— De chez moi peut-être? On enterre ce pauvre Dubois, mon voisin, celui que tu as vu si souvent chez moi...

— Quoi! ce n'est pas vous?

— Comment, moi?

— Il y a quatre heures que je vous pleure.

L'oncle laissa échapper un éclat de rire.

— Je vais à Bayeux marier ta cousine.

— Quelle cousine?

— La fille de la sœur de ta mère, de ma seconde sœur; elle est chez moi depuis un an.

— De ma tante Marthe?

— Précisément; elle ne connaît pas son prétendu; mais j'ai arrangé cela par lettre : elle sera très-heureuse.

Le postillon avait fini; l'oncle monta dans la chaise et dit :

— Baise la main de ta cousine, que tu ne reverras peut-être jamais; car son mari reste dans ses terres, qu'il fait valoir.

Arthur baisa une petite main qui sortit de la chaise sur l'invitation de l'oncle, puis leva les yeux et reconnut le doux visage de l'inconnue au cachemire bleu. Le châle bleu l'enveloppait encore; la chaise partit, et Arthur resta sans rien voir ni rien entendre, jusqu'à ce qu'elle fût perdue dans la brume qui descend vers la fin du jour.

UN HOMME ET UNE FEMME

Dans une chambre élégante, au second étage d'une maison de la rue Caumartin, était nonchalamment assise, ou plutôt à demi couchée sur une causeuse, une femme encore jeune ; sa beauté était si bien dans tout son éclat, qu'elle ne pouvait que diminuer. Peut-être était-elle moins belle hier ; mais, à coup sûr, elle sera moins belle demain ; en arrangeant ses cheveux, elle s'était trouvée *bien*, et elle avait soupiré ; elle avait songé à ces rêves d'amour de sa première jeunesse qui ne s'étaient pas réalisés, et qu'il ne serait bientôt plus temps d'essayer ; elle sentait cette vague tristesse que l'on éprouve en voyant l'aube colorer les rideaux lorsqu'on n'a pu encore reposer, la nuit finie avant que les yeux se soient fermés. Un gros chat blanc frottait son dos soyeux sur ses pieds sans pouvoir attirer son attention.

Dans une chambre passablement en désordre, au quatrième étage d'une maison de la rue du Sentier, un jeune homme venait de mettre sa cravate; il se trouvait *bien* et soupirait. Il songeait à ces rêves d'amour qui charmaient sa mansarde, et dont la réalisation semblait fuir devant lui. Il n'y avait avec lui qu'une souris qui rongeait une botte sous une commode.

Madame L..., de son côté, se représentait l'homme qu'elle aurait aimé. Si le hasard le lui eût fait rencontrer, il aurait été grand, bien fait; sa figure, ombragée de cheveux noirs, aurait été noble et imposante, et elle lui eût désiré l'imagination d'un poëte et le cœur naïf d'un enfant... l'esprit vif, mais sans empressement de le montrer.

Lucien songeait à la femme qu'il devait nécessairement rencontrer un jour ou un autre. Elle était petite et svelte, elle avait des yeux bleus et des cheveux blonds, quelque chose de voilé dans le regard et d'aérien dans la démarche, et dans le cœur cette conscience de faiblesse qui fait chercher un appui.

Si vous voulez connaître mes héros : Lucien était de moyenne taille ; des cheveux d'un beau blond cendré, accompagnés d'une figure douce et avenante ; il ne manquait pas d'une sorte d'esprit, mais c'était un esprit bruyant et forçant l'attention.

Madame L... était grande, et d'une remarquable noblesse dans sa démarche ; elle avait alors cet embonpoint qui donne aux femmes une seconde beauté ; ses yeux bruns avaient une singulière expression de puissance intellectuelle.

Madame L... se leva et sonna sa femme de chambre, pour achever sa toilette. Lucien se leva, ne sonna pas parce qu'il ne serait venu personne, et termina lui-même les apprêts de son triomphe.

Madame L... monta dans un fiacre avec sa mère.

Lucien monta seul dans un cabriolet.

Le fiacre et le cabriolet s'arrêtèrent en même temps devant une porte de la rue Saint-Honoré.

Dans le salon où le hasard réunissait madame L... et Lucien, la société était nombreuse. Le même hasard, ou un instinct secret, les rapprocha. Ils passèrent la soirée à parler du combat de Navarin, qui était alors récent, et ils se séparèrent fort préoccupés l'un de l'autre.

Madame L... était, de tout le salon, la femme qui avait le plus et le mieux écouté Lucien.

Lucien était l'homme qui s'était montré le plus empressé auprès de madame L...

Lucien chercha à rencontrer madame L...; madame L... ne crut pas devoir éviter Lucien.

Un mois après, Lucien écrivait :

« Enfin, je l'ai trouvée, cette femme que j'avais si longtemps rêvée ! C'est bien vous dont mon imagination exaltée me présentait sans cesse la forme vague et incertaine. Il m'a semblé vous reconnaître la première fois que je vous ai vue, etc.

» Je vous ai vue, et mon sort est fixé, etc.

» Je vous aime pour toute ma vie, etc. »

Deux mois plus tard, madame L... répondait :

» Enfin, je l'ai trouvé, cet homme que j'avais si

longtemps rêvé! C'est bien vous dont mon imagination exaltée me présentait sans cesse la forme vague et incertaine. Il m'a semblé vous reconnaître la première fois que je vous ai vu, etc. »

En quoi Lucien et madame L... mentaient autant l'un que l'autre. Mais Lucien mentait sciemment: cette femme lui semblait faire quelque attention à lui; il lui écrivait une lettre en lieux communs, comme il aurait écrit à toute autre.

Madame L... était de bonne foi : l'amour que l'on éprouve est surtout en soi; la personne aimée n'est que le prétexte. Elle voyait réellement en Lucien tout ce qu'elle lui disait.

La correspondance suivit le cours ordinaire. Lucien ne changeait rien à ses habitudes; l'amour de madame L.... était simplement pour lui un plaisir de plus. Elle, au contraire, se concentrait tout entière dans sa passion; tout ce qui n'était pas Lucien lui était odieux; elle n'allait plus nulle part, ne recevait plus personne, et n'avait de bonheur que d'être seule, quand elle n'était pas avec lui.

Tout ce qu'il y avait de beau et de bon et de bien en elle, elle le réservait pour Lucien. Elle ne faisait de toilette que lorsqu'elle l'attendait.

Il lui serait venu à l'esprit le mot le plus spirituel, qu'elle ne l'aurait pas dit si Lucien n'eût pas été là. Tout ce qu'elle avait de cœur et d'âme lui devint tellement consacré, que les gens qu'elle avait le plus aimés lui furent insupportables, et qu'elle se les aliéna entièrement.

Un jour, elle écrivit à Lucien :

« Tout ce que les autres prennent de moi, fût-ce seulement une minute d'attention arrachée par la politesse, me semble un vol que l'on fait à vous, et encore plus à moi qui suis si heureuse de me réserver tout entière pour vous. Les plaisirs du monde, les triomphes du salon, les conversations inutiles, bien plus, des affections auxquelles je n'ai plus rien à donner, puisque je suis toute à vous, toute en vous, je veux échapper à tout cela. Sûre de votre amour, je ne regretterai rien ; je ne veux plus m'exposer à être distraite de mon bonheur. Je vais me séparer du monde entier, ne plus voir personne, passer à vous attendre le temps où vous ne serez pas auprès de moi. Il m'importe peu que cet exil volontaire soit remarqué ; je veux bien que l'on sache que je vous aime, je suis fière de mon amour ; ce n'est qu'un amour vulgaire qui peut humilier, etc. »

Lucien fut effrayé ; cette femme, qui lui donnait toute sa vie, faisait peser sur lui une grande responsabilité. Lucien était un homme léger, coquet, sans enthousiasme, sans énergie, et que toute résolution forte, que toute action en dehors des actions communes étonnait.

Il ne dormit pas de la nuit, et, le lendemain, répondit :

« L'élévation de votre esprit et la noblesse de votre cœur peuvent seules me donner la force nécessaire pour l'accomplissement de ce que je crois un devoir.

» Ne me jugez pas sur la première lecture de cette lettre. Ne me condamnez pas à votre haine et à votre mépris, pour une action juste et même généreuse, si j'en mesure le mérite à l'effort qu'elle me coûte.

» Si vous étiez à mes yeux une femme ordinaire, je vous aurais répondu par des lieux communs, je n'aurais pensé qu'à m'enorgueillir d'un dévouement si flatteur pour mon amour-propre et si doux à mon cœur; je me serais laissé aimer de cet amour plein d'un noble abandon; j'aurais couru les risques de n'y pas répondre dignement, mais j'aurais profité du plaisir et du bonheur qu'il m'offre.

» Mais, dussé-je me perdre dans votre esprit et votre cœur, je vous dois un aveu inusité.

» Vous êtes belle, spirituelle, élégante, admirée, je ne connais même aucune femme qui réunisse ces avantages à un aussi haut degré.

» Je vous aime autant que je peux aimer; mais on ne peut se créer une organisation différente de celle que la nature nous a donnée ou infligée. L'amour pour moi a toujours été un plaisir; depuis que je vous connais, il est devenu un bonheur; mais l'idée de lui donner toute ma vie est au-dessus de mes forces. Ce parti, car je ne pourrais accepter votre dévouement sans vous offrir un amour pareil, a une solennité qui m'épouvante. Le reflet de votre âme m'en donnerait le pouvoir, je le sens, pendant quelque temps; mais tout cela finirait par une lâcheté de ma part, par quelque sottise qui me ferait perdre justement alors votre affection et votre estime.

» Non, je ne suis pas l'homme que vous croyez. J'ai juste assez de présence d'esprit pour me connaître et m'apprécier. Au milieu de qualités assez brillantes, je manque de l'énergie nécessaire pour un sentiment exclusif; il y a en moi quelque chose de vulgaire qui me désole, mais que je ne puis combattre, quelque chose que je n'avoue pas à moi-même et qu'il faut que je vous avoue entièrement.

» Il n'est aucune femme que j'aime, que je désire autant que vous; aucune, je le répète, qui puisse à un semblable degré charmer mon cœur et flatter mon orgueil : eh bien, je renonce à ce que je ne retrouverais jamais, pour en rester digne, eu égard à ce que je suis.

» Jusqu'à présent, j'avais considéré mon défaut

de forces comme l'origine de quelques agréments ; aujourd'hui, je maudis cette organisation mesquine et méprisable.

» Je n'accepte pas votre dévouement, parce que j'ai bien cherché en moi, et je ne suis pas assez sûr de pouvoir y répondre noblement.

» Adieu, madame ! sachez-moi quelque gré du sacrifice que j'ai trouvé le courage de vous faire de vous-même. Je vous perds volontairement ; car j'aurais pu vous tromper, et je n'ose le faire, etc., etc. »

Lucien reçut pour toute réponse :

« Je vous répondrai dans un mois. »

Bien précisément un mois après, une sorte de paysan se présenta le matin chez Lucien. Il était porteur d'une lettre à laquelle il avait ordre de ne recevoir aucune réponse.

« Mon ami, je ne suis plus à Paris ; je suis calme, je suis heureuse. C'est par cela que je dois commencer. Maintenant, parlons un peu du passé.

» A la réception de votre lettre, j'ai eu de l'indignation, de la colère; j'ai pleuré, j'ai essuyé mes yeux avec orgueil, puis j'ai pensé.

» Vous avez fait pour moi ce qu'aucun homme n'a jamais fait pour aucune femme, je vous en remercie.

» Dans l'amour, il y en a toujours un qui aime, et l'autre qui est aimé; je crois que le plus heureux des deux est celui qui aime; j'ai choisi ce rôle et je le garderai.

» Merci de m'inspirer peut-être des illusions, mais des illusions que je crois des réalités, et qui me rendent bien heureuse.

» Vous vous calomniez, vous avez plus de force que vous ne le supposez. Vous avez volontairement, et par générosité, renoncé à la possession d'une femme agréable, qui vous était toute livrée; je vous aime et je vous aimerai toujours; le peu d'affection que j'obtiendrai en retour, j'y compterai sans défiance, sans incertitude. Je me suis séparée de tout ce qui n'est pas vous : si vous n'êtes pas tout à moi, il me reste un bonheur que peut-être vous ne comprendrez pas, mais qui suffit à ma vie, c'est d'être toute à vous.

» J'ai acheté une petite maison à une lieue de Paris, sur le bord de la rivière. C'est là que je passerai le reste de ma vie.

» Mais il est une chose que je tiens à vous faire comprendre. Il n'y a dans ma résolution ni désespoir ni même chagrin; je ne me suis pas faite *ermite*. Ma maison est jolie et bien rangée; j'y ai rassemblé tout ce qui peut en rendre le séjour agréable. J'y veux être, j'y suis heureuse; je vous ai divinisé dans mon cœur, je vous aime... sans égoïsme... Tout ce qui vous donnera un moment de bonheur, de plaisir, fût-ce aux bras d'une autre femme, je m'en réjouirai.

» Venez une fois me voir. Je me suis fait une jolie chambre; mais il faut qu'elle soit consacrée par votre présence. J'ai des acacias en fleur; mais il faut qu'ils aient un moment ombragé votre front. Quand vous serez venu une fois, vous ne viendrez plus si vous voulez; vous reviendrez si cela vous plait et quand cela vous plaira. Je vous attendrai toujours, mais sans impatience, sans colère, sans chagrin quand vous ne serez pas venu; quand vous viendrez, à quelque époque, à quelque heure que vous arriviez, vous me trouverez heureuse de vous voir, toujours vous attendant ; vous viendrez comme amant ou comme ami; vous viendrez être aimé ou être consolé; vous me raconterez vos peines et vos plaisirs ; vous me ferez vos confidences entières ; je vous donnerai des conseils, et mes conseils seront bons à suivre : dans la solitude où je vivrai avec ma mère, qui, livrée à ses pratiques de dévotion, ne me parle jamais, je serai si exclusivement occupée de vous et de vos intérêts, que personne, pas même vous, ne pourra leur consacrer autant de temps et les connaître aussi bien.

» Quand vous serez amoureux, je discernerai si l'objet de votre amour en est digne, si elle vous aime réellement; je vous apprendrai les piéges des coquettes, et je ne vous laisserai pas vous exposer à aimer seul... Vous ne pourriez peut-être pas prendre la résolution que j'ai prise, et alors il faudrait mourir. Je veillerai sur vous de près comme de loin, je serai votre bon ange. Il y aura des jours... des heures... où la vie vous semblera lourde...; vous viendrez dans ma maison, je vous jouerai sur la harpe les airs que vous aimez; je vous écouterai, je m'affligerai de vos chagrins, car ce sont les seuls qui pourront désormais m'atteindre ; vous serez cinq ans sans venir : au bout de cinq ans, vous arriverez sans être annoncé, vous me trouverez vous attendant. Dans ma chambre seront les fleurs dont vous aimez le parfum. Jamais une plainte ne sortira de ma bouche... Mon visage ne vous montrera que du bonheur. Adieu !... je vous attends ; pour cette fois seulement, je vous demande de venir. »

Lucien partit à l'instant, et arriva une heure après à la petite maison de madame L...

Il trouva facilement la maisonnette indiquée ; elle était basse et presque cachée sous des acacias. Il hésita au moment de frapper; son cœur battait violemment. Une domestique vint lui ouvrir. Ce n'était plus celle qu'avait autrefois madame L..., et elle paraissait être la seule de la maison. C'était loin d'être une coquette femme de chambre : c'était une grosse fille, propre, avenante, maladroite ; elle se fit répéter deux fois le nom de Lucien, et vint lui dire qu'il pouvait entrer.

Il trouva madame L... nonchalamment assise sur un divan. Il ne reconnut aucun des meubles qu'il avait vus chez elle autrefois. La chambre était tapissée d'une étoffe de laine d'un bleu de la nuance de bluet. Les rideaux du lit et ceux des fenêtres étaient bleus et blancs ; les divans, les grands fauteuils étaient bleus, le tapis avait des rosaces variées sur un fond bleu d'une grande richesse. Pour madame L..., elle était vêtue d'une robe de cachemire blanc, dont les plis n'étaient formés que par une ceinture qui dessinait la taille sans la presser ; ses cheveux, en nombreuses et épaisses boucles, retombaient sur les côtés de son visage.

Jamais Lucien ne l'avait vue si belle. Elle était si heureuse ! Quand ils furent seuls, Lucien, troublé, demeura longtemps sans prononcer une seule parole : il se sentait oppressé. Tout, autour de madame L..., avait un air de bonheur qui donnait à

Lucien envie de pleurer. Cette femme était si heureuse de l'aimer, si heureuse d'avoir tout abandonné pour lui !

Elle, elle le regardait avec attention, comme pour se faire des souvenirs bien arrêtés, pour se mettre dans l'esprit une empreinte qui ne devait pas être souvent renouvelée.

Le premier mot qui vint aux lèvres de Lucien fut le nom de madame L...

— Adèle !

Elle détourna les yeux, comme si l'expression de la voix de Lucien lui eût fait mal.

Il lui prit la main et dit :

— Adèle, je t'ai trompée, je me suis trompé ; je t'aime de toute mon âme : il s'est révélé en moi une énergie que j'ignorais. Je veux vivre pour toi, ne vivre que pour toi !

Madame L... parut d'abord fort troublée. Puis elle lui mit la main sur la bouche, et, lui prenant la main à son tour, mais avec fermeté et une expression qui disait : « Écoutez ! » elle lui dit :

— Lucien, si vous me dites cela, si vous me dites

n'importe quoi, je vous croirai un moment, et ensuite je ne vous croirai plus. Je perdrai même cette certitude que j'ai jusqu'ici, et avec laquelle j'ai construit mon bonheur, de votre franchise à mon égard. Vous sentez aujourd'hui ce que vous me dites; mais le naturel l'emportera bientôt, et un bonheur dont je sais me passer, parce que j'en ai trouvé un suffisant, me sera devenu tellement nécessaire, que je serai exigeante, importune, maussade. Laissez-moi vous aimer. Vous m'aimez en ce moment; votre imagination est violemment frappée par l'inusité de votre situation. Ne nous abusons pas; ne déshéritons pas notre avenir. Vous trouverez quelque douceur à savoir qu'il y a toujours un asile pour vous retirer, un sein pour appuyer votre tête, un cœur qui amasse des consolations pour vous. Moi, je serai heureuse; soyons amis. Venez voir mon jardin.

Lucien soupira, se leva et la suivit.

Le jardin se composait d'un beau couvert d'acacias; ensuite de fraîches plates-bandes de jacinthes; quelques tulipes aussi commençaient à ouvrir leur splendide calice; plus loin, des lilas entremêlaient leurs grappes parfumées.

Une belle pelouse s'étendait sous les pieds, parsemée de violettes, dont il fallait chercher sous l'herbe les fleurs d'une si riche couleur, qu'elles semblaient autant d'améthystes odorantes.

Madame L... se plaisait à faire passer Lucien par toutes les allées, comme pour multiplier ses traces et remplir sa maison de sa présence; elle semblait faire avidement sa provision de bonheur, pour le temps où elle serait seule.

Après quelques instants, elle lui dit du ton d'une simple question :

— Dînez-vous ici?

Lucien lui baisa la main et lui dit :

— Je veux rester avec vous le plus longtemps qu'il sera possible.

Ils dînèrent ensemble dans la chambre bleue.

— Mon ami, dit madame L... à Lucien, qui soupirait, soyez tel que je vous aime : ne me trompez jamais. Un serrement de main, un signe de tête amical, mais bien vrai, mais bien senti, mais tel qu'il ne puisse m'inspirer aucun doute sur le motif qui le cause, me donnera toujours plus de bonheur que les plus vives protestations. Je vous serai reconnaissante lorsque je vous verrai me quitter sans prétexte, sans excuse, sans autre raison que votre volonté; je serai sûre alors que le temps que vous avez passé auprès de moi, je ne le dois ni à un parti pris, ni à un procédé, ni à des égards. Loin de me choquer, votre départ m'enchantera : ce ne sera pas un abandon, ce sera une charmante certitude du bonheur que m'aura donné votre présence; il me prouvera que j'aurai eu raison d'être heureuse. Comprenez bien cela, mon ami; ne venez jamais *pour me faire plaisir*, ni parce que *vous croirez devoir venir*; venez quand vous voudrez venir. Songez, si vous êtes six mois sans me donner de vos nouvelles, combien je serai certaine, le jour qui vous ramènera près de moi, que vous avez réellement besoin de me voir.

» Ne vous contraignez pas. Comptez sur moi; mais ne vous imaginez pas que je compte sur vous. Je vous saurais, de la moindre gêne que je vous verrais vous imposer, plus mauvais gré que je ne le puis dire ; car cela m'enlèverait toute ma confiance.

» Une pensée peut-être se glissera dans votre esprit. Je vais y répondre à l'avance; car cette pensée pourrait vous engager à me tromper, en vous trompant vous-même.

» **Je suis à vous, toute à vous.** Tout ce que je pourrai jamais vous donner de bonheur sera un bonheur pour moi ; je me donnerai à vous comme je vous donnerais une autre femme, que vous aimerez plus tard, parce qu'elle sera plus belle ou plus spirituelle, ou tout simplement parce qu'elle sera *une autre*.

. . . .

Lorsque Lucien partit, madame L… fit bonne contenance ; elle lui donna une clef, et lui dit adieu d'un visage riant. Elle le suivit des yeux ; puis, s'enfermant, elle se jeta à genoux la tête dans les mains sur son divan, et elle donna cours aux sanglots qu'elle retenait et amassait sur son cœur depuis que Lucien avait commencé à parler.

Puis elle se releva, resta quelque temps pensive, et se dit :

— Je ne suis pas encore telle que je veux qu'il me croie, mais je le deviendrai. Mon Dieu, dit-elle en joignant les mains, quelle est la femme aussi heureuse, aussi certainement heureuse que moi ? quelle est celle qui, comme moi, peut-être sûre que son amant n'est pas resté avec elle une seconde de plus que l'amour ne l'y a retenu, et que l'amour l'y a retenu tout le temps qu'il y est resté ?

Lucien revint le soir, puis le lendemain, le surlendemain.

Le jour suivant, il dit à madame L... :

— Je ne reviendrai pas ce soir, des affaires...

Madame L... lui mit la main sur la bouche, et elle lui dit :

— Pas de raisons, pas de prétextes ; rappelez-vous nos conventions.

Plus tard, Lucien fut deux jours sans venir, puis un mois. Chaque fois qu'il venait, il se trouvait toujours attendu. Le jour, la nuit, tout était préparé pour le recevoir ; il était facile de voir que madame

L... n'avait pas, depuis son départ, donné accès à une seule pensée qui n'eût pas rapport à lui.

Une fois, il fut quatre mois sans paraître.

Une nuit, madame L... fut réveillée par un bruit de pas dans sa chambre : c'était Lucien. Depuis quatre mois, elle l'attendait chaque jour, à chaque instant; elle avait cette coquette toilette de nuit d'une femme qui peut avoir besoin d'être belle.

Lucien était sombre et soucieux de le faire.

Il lui prit la main, et ne baisa pas cette main ainsi qu'il avait coutume de le faire.

— Adèle, lui dit-il, je suis triste, malheureux, désespéré ; je viens ici pleurer, blasphémer.

— Soyez le bienvenu, dit madame L... Voulez-vous souper ? Vous paraissez fatigué.

Et, de la main, elle lui montra un souper qu'elle lui préparait chaque soir, et qu'elle faisait enlever le lendemain sans murmurer.

Lucien fit signe qu'il ne voulait ni ne pouvait manger. Il paraissait embarrassé.

— Qu'avez-vous? dit madame L... ; avez-vous besoin d'argent? J'en ai.

— Non, répondit Lucien.

— Je n'insiste pas, pas plus que vous n'hésiteriez ; ce serait vulgaire et indigne de nous. Rappelez-vous nos conventions, et parlez. Vous êtes amoureux !

— Oui.

— On vous a trompé, ou on vous repousse.

— L'un et l'autre : on me repousse, après m'avoir laissé concevoir les espérances les mieux fondées.

— Cette femme vous aime, ou ne vous aime pas. Si elle vous aime, il suffit de la convaincre qu'elle est aimée, ou de la persuader, ce qui est plus facile et revient au moins au même, et elle vous aimera. Il n'y a donc pas sujet de vous désoler. Si elle ne vous aime pas, c'est une partie d'échecs à jouer, et, avec mon aide, vous la gagnerez, et, dit-elle en terminant, je vous promets que vous réussirez.

Lucien était un peu ému de l'aspect de madame L... Ils étaient seuls au milieu de la nuit et du silence.

— Mon ami, lui dit-elle, partez ! ne gâtez ni mon bonheur passé ni mon bonheur à venir.

Elle le repoussa doucement, et Lucien s'en alla.

— Comme il m'obéit! dit-elle amèrement quand elle n'entendit plus ses pas; comme il s'empresse d'aller triompher par mes conseils! Mais, ajouta-t-elle, je veux être pour lui un ange protecteur, je veux que tout ce qui pourra lui arriver de bonheur lui vienne par moi; je veux lui préparer la vie de telle sorte qu'elle ne lui offre que succès et joies. Allons, dit-elle, ne pleurons pas! Heureuse femme que je suis d'avoir tant de bonheur à donner!... J'ajouterai ma part à la sienne. Oh! merci, mon Dieu, de cette noble inspiration.

Et elle passa le reste de la nuit à s'oublier elle-même, à se faire un égoïsme du bonheur d'un autre, et d'un bonheur qui la déchirait.

Lucien fut encore assez longtemps sans retourner chez madame L... Pendant ce temps, il serait difficile de dire par quelle épreuve elle passa; son imagination lui faisait endurer de cruelles tortures. Souvent elle s'éveillait au milieu de la nuit, et elle croyait voir Lucien aux bras d'une rivale s'enivrer du bonheur qu'elle-même lui avait préparé par ses conseils. Alors elle pleurait, elle accusait Lucien de dureté ; elle ne concevait pas comment il n'était pas touché de tout cet amour qu'elle avait pour lui. Puis elle finissait par songer que, défiante comme elle l'était, Lucien, assidu, dévoué, ne lui eût pas donné autant de bonheur que Lucien ne venant que lorsque la fantaisie lui prenait. Les moments où elle le voyait étaient courts et rares ; mais, quand ces moments arrivaient, elle pouvait se livrer sans hésitation, sans restriction, à la foi qui est le plus grand charme de l'amour.

Vers le mois de mai, à l'époque où le chèvrefeuille est en fleur, Lucien, fatigué, malade des plaisirs de l'hiver, arriva une nuit et annonça à Adèle qu'il resterait un mois près d'elle. Elle fut d'abord surprise, interdite, oppressée ; elle le regarda de ce regard profondément interrogatif auquel on ne pourrait mentir.

Lucien lui répéta qu'il venait lui demander l'hospitalité pendant un mois.

Alors elle se livra à une joie d'enfant ; elle rit, elle pleura, elle couvrit de baisers les mains et les cheveux de son amant; elle fit mille projets pour ce mois, pour lui rendre la maison agréable.

Le lendemain fut employé à examiner le jardin. Il contenait, cultivées avec un soin particulier, toutes les fleurs qu'aimait Lucien. C'est là, sous cette tonnelle de chèvrefeuille, qu'Adèle aimait à relire ses lettres. Sur ce banc de gazon, elle restait souvent, par les belles soirées, à écouter de loin le sourd bourdonnement que le vent apportait par bouffées. Peut-être est-ce le bruit de la ville, de la ville où est Lucien; une partie de ce bruit est causée par la voiture qui le porte à quelque plaisir. Puis elle regardait le ciel avec ses riches étoiles : son âme s'élevait à une vague contemplation, et elle trouvait la force de ne pas être jalouse, de penser avec bonheur que Lucien était heureux. Elle se voyait elle-même comme un ange protecteur, et elle faisait au ciel le serment de de ne pas faiblir dans la tâche qu'elle s'était imposée.

Elle voulait que Lucien donnât à manger à ses pigeons, qu'il respirât ses premières roses.

Le troisième jour, le matin, Lucien trouva dans

la petite cour un cheval sellé et bridé ; il avait été emprunté à l'excellent manége de Pellier, et devait rester dans la maison aussi longtemps que Lucien.

Le soir, après dîner, un petit bateau offrait aux deux amants le plaisir de la promenade. Ils se laissaient dériver entre les saules, et une douce confiance ouvrait leur cœur. Adèle n'avait presque rien à dire ; une seule pensée l'occupait : c'était Lucien. Il y avait bien au fond de son cœur le souvenir de quelques heures de chagrin et de découragement, mais elle était résolue à ne pas les avouer à Lucien. Elle se plaisait à se faire raconter ses plaisirs, ses amours même ; elle voulait qu'il lui fît le portrait de ses heureuses rivales.

Un soir, comme le bateau s'était arrêté aux branches d'un vieux saule, le calme de la nuit n'était interrompu que par le léger bruissement de l'eau contre les obstacles qu'elle rencontrait. Une douce odeur de jeune feuillage embaumait l'air, les étoiles scintillaient à travers le feuillage, sans nuire au mystère et à l'obscurité.

Adèle, la tête penchée sur la poitrine de Lucien,

était si heureuse, qu'elle multipliait ses questions sur les femmes qui l'avaient successivement occupé ; semblable au naufragé, qui, jeté à la rive, se retourne, et se plaît à regarder ces lames puissantes qui ont failli cent fois le briser contre les rochers, à écouter leur sinistre mugissement mêlé au sifflement aigu du vent en fureur.

— Parle-moi, dit-elle à Lucien, de celle que tu aimais quand tu vins me voir la dernière fois; où est-elle? l'aimes-tu encore? était-elle jolie?

— Je répondrai à deux questions par une seule réponse, reprit Lucien ; je ne sais plus où elle est. Elle n'était peut-être pas d'une grande beauté; mais il y avait en elle, dans les moindres détails, une incroyable distinction : sa main était charmante, sa voix était d'une suavité que l'imagination n'attribue qu'aux anges, et ses cheveux, d'un beau blond cendré, étaient plus fins et plus moelleux que la soie.

Il y eut ici un moment de silence.

Lucien, en parlant, avait passé la main dans les cheveux de madame L... et ils étaient aussi d'un beau blond cendré, ils étaient aussi plus fins et plus moelleux que la soie. Lucien fut frappé de ce rapport.

Madame L... comprit ce qui préoccupait son amant, et elle sentait avec une joie indicible la main de Lucien qui continuait à caresser les ondes de ses beaux cheveux.

Lucien alors parla de rentrer ; il craignait qu'elle n'eût froid. Adèle ne répondit rien. Et le bateau remonta le courant, grâce aux efforts de Lucien. Adèle cependant était en proie à une délicieuse rêverie. Soit entraînement naturel, soit coquetterie, elle se mit à chanter une mélodie simple et pénétrante. Sa voix, accentuée par l'émotion, vibrait au milieu du silence et de la nuit.

Lucien écoutait ; il retenait le mouvement de ses rames et jusqu'à son haleine.

Cependant trois semaines à peine s'étaient écoulées, que Lucien commença à paraître distrait, préoccupé.

Adèle le vit, un matin, monter à cheval, et, sans y songer, il poussa ce cheval du côté de Paris.

Le soir même, elle lui dit adieu, et le pria de partir.

Pendant longtemps, Adèle vécut du souvenir de son bonheur. Elle ne pouvait aller nulle part où Lucien n'eût été avec elle. Sous ces lilas, ils avaient lu ensemble ; sur cette mousse, ils avaient fait un frugal repas. C'est ce vieux saule qui, un soir, a arrêté le bateau ; cette fauvette, il l'a écoutée toute une matinée; ce rosier est le premier qui ait fleuri, et il en a porté la rose tout le jour.

Cependant elle cherchait un moyen de s'occuper de lui plus immédiatement. Pour Lucien, il s'empressa de retourner dans le monde. Il se fit présenter chez une famille anglaise, où commença pour lui une des phases les plus importantes de sa vie. Il y avait là une jolie fille nommée Sarah, douce et silencieuse personne, frêle, élancée, timide, qui s'empara entièrement de son imagination. Quelques amis lui firent entrevoir un mariage avec Sarah comme une chose possible, et surtout comme une chose fort avantageuse sous le point de vue de la fortune.

Lucien répondit tout haut :

— Ce n'est pas la fortune qui me décidera.

Il se dit tout bas à lui-même :

— La fortune seule ne me déciderait pas.

Et il fit faire la demande de Sarah à son père.

Lucien n'était pas riche, mais il avait un oncle dont on le croyait l'inévitable héritier.

Lucien savait très-bien qu'il n'avait rien à attendre de cet oncle, et voici pourquoi. Le cher oncle, tout garçon qu'il était, avait une fille qu'il faisait élever mystérieusement à la campagne. Un jour, il avait dit à Lucien :

— Tout le monde te regarde comme mon héritier; eh bien, il n'en est rien. J'ai une fille à laquelle je laisserai de mon bien tout ce dont je pourrai disposer. Cependant, comme j'ai de l'amitié pour toi, j'ai songé à un moyen d'assurer ton bonheur. Tu épouseras ma fille, et vous aurez ma fortune à vous deux.

Or, la fille était un peu contrefaite et d'une humeur fort peu avenante. Lucien fit une réponse évasive, et ne retourna plus chez son oncle.

Le père de Sarah répondit qu'il donnerait volontiers sa fille à Lucien, si l'oncle lui assurait, avant le mariage, une somme qui, réunie à celle qu'il donnait à Sarah, suffirait pour leur faire une existence honorable.

Lucien alla voir son oncle, lui parla pendant deux heures de tout, excepté du sujet qui l'amenait, se leva, se rassit, se releva, et finit par formuler sa demande. L'oncle s'engagea par serment à ne pas lui donner un sou, et le mit à la porte.

Lucien, désespéré, lui écrivit. L'oncle était parti avec sa fille pour un voyage dont on ne pouvait fixer le terme. Lucien s'enferma chez lui, et chercha le moyen le plus convenable de mettre fin à ses jours. Le pistolet... le poison... le charbon... la rivière... avaient des avantages à peu près égaux, et qui se compensaient assez pour qu'on ne pût se décider légèrement. Il était depuis deux jours dans cette situation, lorsqu'un individu entra, et lui remit, de la part de son oncle, un contrat de rente au porteur égal à la somme qu'il avait inutilement demandée à ce bizarre parent.

Il courut chez le père de Sarah.

Sarah était assez contente de se marier; mais il lui importait peu que ce fût avec Lucien ou tout autre. Cette charmante créature n'avait de force intellectuelle que pour se renfermer dans quelques strictes observations de convenance et d'usage.

Lucien eût désiré la voir un peu plus émue; mais il se persuada facilement que la jolie Sarah s'animerait au souffle de l'amour, et qu'on aurait mauvaise grâce à se plaindre de cette douce innocence, de cette pudeur si craintive, qui ne réservait pas seulement à son heureux époux un premier amour, mais aussi les premières impressions et la primeur de la vie.

Après tout, ou avant tout, si vous l'aimez mieux, Sarah était jolie; elle paraissait une vignette de Tony Johannot, si ce n'est que les vignettes de Tony ont plus de mouvement et d'animation.

Une chose cependant n'allait pas très-bien avec cette poétique figure; Sarah, dans ses conversations avec Lucien, ne répondait à ses expressions d'amour, parfois un peu emphatiques, que par des projets relatifs au confortable de leur maison... Elle précisait combien de pièces il fallait dans leur appartement ; elle s'occupait du choix des domestiques ; elle faisait faire le linge et donnait des ordres pour l'argenterie, etc.

Un soir, comme Lucien rentrait chez lui, son portier lui dit :

— Monsieur ne loge plus ici : il demeure au n° 15, dans la même rue ; voici la clef de son nouvel appartement, que l'on m'a chargé de lui remettre de la part de monsieur son oncle.

— Mais, dit Lucien, mes papiers... et mes meubles ?

— Tout cela est transporté, et votre chambre de là-haut est déjà louée.

Lucien croyait rêver... Il alla au n° 15, où on l'introduisit dans un appartement complet, meublé avec la plus grande élégance et le meilleur goût ; rien n'y manquait : les choses utiles n'y étaient pas plus négligées que les choses d'agrément. On voyait que le soin de cet ameublement n'avait pas été confié entièrement à la routine du tapissier.

Lucien se coucha dans un excellent lit, où il ne dormit pas : non qu'il se piquât de coucher sur la dure ; mais, préoccupé à la fois de son mariage et des mystérieux bienfaits de son oncle, il avait incontestablement autant de droits à l'insomnie qu'un poëte qui cherche une rime rebelle ou une pensée fugitive.

Le lendemain matin, il reçut une lettre d'Adèle ; la lettre ne contenait que ce peu de mots :

« Je vais faire un voyage de quelques mois. »

— Pauvre Adèle ! dit Lucien ; elle aura appris mon mariage... Allons, allons, dit-il, n'admettons aucune idée triste ; c'est bien assez d'avoir des idées graves.

Il se mit à son nouveau secrétaire, trouva dans les tiroirs tout ce qu'il fallait pour écrire, et commença pour son oncle une lettre de remercîments.

Il avait déjà mis en haut du papier : « Mon cher oncle. »

Il s'aperçut qu'il était tard, et laissa sa lettre inachevée pour se rendre chez Sarah.

Sarah le reçut comme de coutume ; chaque jour

approchait le moment de leur union, sans qu'elle parût plus agitée ou plus expansive.

Elle se mit au piano et chanta d'une voix assez agréable, mais monotone et sans expression.

L'air qu'elle chantait était celui que, quelques mois auparavant, avait chanté Adèle sur la rivière.

Lucien ne put se défendre d'une sorte d'émotion ; il sortit.

Lucien trouva chez lui une riche corbeille ; ce qu'elle contenait était choisi avec une distinction parfaite. On n'avait pas oublié, dans le choix des couleurs, que Sarah était blonde.

Le jour des noces était fixé à trois semaines. Le lendemain, un homme d'affaires devait venir communiquer à Lucien les clauses du contrat.

Le soir, il ne trouva pas Sarah au salon ; et, plusieurs portes étant entr'ouvertes, il entra successivement dans plusieurs pièces, et trouva Sarah dans sa chambre.

Elle devint rouge comme une cerise. C'était la seconde émotion que Lucien eût jamais surprise sur son visage.

La première avait été une émotion de confusion et d'impatience, à propos d'une opinion que Lucien avait émise un peu légèrement, relativement à des confitures qu'elle avait pris plaisir à confectionner elle-même.

Cette seconde était une émotion un peu plus forte; mais elle avait à peu près les mêmes causes, un mélange de confusion et d'impatience.

Elle reprocha aigrement à Lucien la liberté qu'il avait prise d'entrer dans sa chambre. Lucien s'excusa du mieux qu'il put; mais il y a cela de particulier dans la mauvaise humeur des femmes, qu'il faut nécessairement qu'elle ait son cours; les meilleurs arguments, les raisons les plus évidentes, les preuves les plus convaincantes, ne font à ce cours que ce que les cailloux font au cours d'un ruisseau : le ruisseau murmure un peu plus fort et continue son chemin.

Lucien sortit. La mauvaise humeur est contagieuse; il ne savait trop que faire, il avait consacré son temps à la visite de Sarah, il songea à faire une visite à son oncle.

L'oncle le reçut froidement, il n'était revenu que de la veille. Lucien manifesta sa reconnaissance par tout ce qu'il put imaginer.

L'oncle reprit sèchement :

— Ah çà ! monsieur, êtes-vous un fou ou un mauvais plaisant ? Croyez-vous que j'aie pris, pour vous combler de bienfaits, le moment où vous vous êtes montré désobéissant et ingrat ?

— Mais..., dit Lucien.

— Mais, dit l'oncle, je ne vous ai rien donné et je ne vous donnerai rien ; je ne veux voir jamais ni la femme que vous prenez ni vous-même ; je ne recevrai même pas de lettre de vous.

Lucien sortit.

Comme il rentrait chez lui, son portier lui dit :

— Voici une lettre qu'a apportée le domestique de l'oncle de monsieur.

— Allons, pensa Lucien, que me veut encore ce vieillard obstiné ? Si c'est un présent, je le refuse.

Il ouvrit la lettre ; elle était d'Adèle.

« Mon ami, lui disait-elle, mon voyage durera toute la belle saison : je serai enchantée que vous vouliez bien accepter pour ce temps ma petite maison à la campagne. Croyez que je prends une part bien vive à tout ce qui vous arrive d'heureux ; j'espère que votre mariage sera de ce nombre. Ne me refusez pas ; vous me causeriez un vif chagrin. »

Lucien redescendit.

— Comment, dit-il au portier, comment avez-vous cru que le porteur de cette lettre était un domestique de mon oncle ?

— Je l'ai bien reconnu, dit le portier, un grand brun avec un habit gris.

— Nullement, dit Lucien ; le domestique de mon oncle est un petit vieillard, et sa livrée est bleue.

— Je ferai observer à monsieur que monsieur son oncle aurait alors plusieurs domestiques ; car c'est bien celui-là qui a loué le logement qu'occupe monsieur ; c'est lui qui a amené les meubles et a présidé à tous les arrangements.

Lucien resta immobile sur l'escalier. Une idée subite s'était emparée de son esprit :

— Ce domestique qui m'apporte une lettre d'Adèle est celui qui a loué le logement! Et mon oncle qui nie si formellement!...

Il sortit, courut chez le portier de son ancien logement et lui demanda des renseignements sur la personne qui avait fait son déménagement.

— C'est, dit le portier, un grand homme brun, vêtu de gris.

Lucien resta quelque temps pensif.

— Et, ajouta-t-il, qui habite ma chambre ?

— C'est une dame.

— Comment est-elle ?

— Blonde, belle femme, fort avenante, et au moins aussi triste.

— Ce domestique vêtu de gris ne vient-il jamais la voir ?

— Une ou deux fois par jour.

Lucien rentra chez lui, préoccupé et soucieux au dernier point. Le lendemain matin, arriva l'homme d'affaires du père de Sarah. Il était porteur d'une lettre et du projet de contrat.

Dans la lettre, son beau-père lui recommandait de tout préparer pour la cérémonie, de retenir les voitures, de prévenir à la mairie, à l'église; car Sarah était catholique.

Les clauses du contrat étaient ce que sont celles de tout *contrat de mariage*, des clauses de haine, de défiance, de restrictions perfides, de précautions injurieuses.

Quelques-unes surtout avaient pour but évident de maintenir Sarah dans une entière indépendance de son mari, et même de tenir celui-ci dans la dépendance de sa femme.

. . . .

Lucien pria l'homme d'affaires de se charger d'une lettre pour le père de Sarah. Puis il alla à la mairie faire afficher ses bans. Il retint les voitures, et fit tout préparer à l'église.

Quinze jours après, Lucien se réveilla plus heureux qu'il n'avait jamais été de sa vie. Il prit un bain et s'habilla. On vint prendre ses ordres pour l'heure où devaient arriver les voitures. Il alla à son ancien logement et y monta sans rien dire au portier. Il frappa.

Adèle ouvrit la porte elle-même.

Elle pâlit en le voyant. Puis elle s'assit pour ne pas tomber, et fit signe à Lucien de s'asseoir.

— Adèle, c'est aujourd'hui le jour de mes noces.

— Je le sais, dit madame L...

— Je serai marié dans deux heures.

— Je le sais encore; j'irai à l'église, et personne ne priera avec plus de ferveur pour votre félicité.

— Adèle, dites-moi la vérité; vous voudriez en vain me la cacher, je sais tout. C'est vous qui avez loué et meublé le logement que j'occupe aujourd'hui; c'est vous qui m'avez envoyé un contrat de rente au porteur; c'est vous qui m'avez fait remettre un riche corbeille.

Adèle baissa la tête.

— Vous êtes restée pauvre, continua Lucien, pour me faire riche et me donner les moyens d'épouser une autre femme.

— Je ne suis pas pauvre, dit Adèle à demi-voix; j'ai assuré l'existence de ma mère; j'ai gardé ma maison à la campagne, et tout ce dont j'ai besoin.

Lucien ouvrit la porte et appela; un homme entra, porteur de la corbeille destinée à Sarah.

— Adèle, dit Lucien, habillez-vous; car c'est vous que j'épouse, c'est vous qui serez ma femme dans deux heures. On nous attend à la mairie et à l'église.

Adèle tomba à genoux à demi morte.

— Habillez-vous, mon Adèle, dit Lucien en la relevant et en la serrant sur sa poitrine; tout est prêt. J'ai trouvé à votre maison, et, grâce à votre mère, qui est dans ma confidence, les papiers nécessaires. Nos bans ont été publiés : tout est prêt.

On entendit parler dans une voiture. Une femme âgée monta : c'était la mère de madame L... en grande parure; Adèle ne pouvait dire un seul mot. Sa mère l'habilla, tandis que Lucien allait donner quelques ordres.

Elle avait eu soin de faire arranger à la taille de sa fille tout ce que celle-ci avait préparé pour Sarah.

. . . . , ...

Deux heures après, Lucien et Adèle étaient unis ; trois heures après, ils étaient seuls, renfermés ensemble dans la petite maison de campagne.

FIN.

TABLE

	Pages.
Midi a quatorze heures	1
Histoire d'un voisin	139
Voyage dans Paris	149
Une visite a l'Arsenal	211
Un homme et une femme	243